Startup

Utilisez votre réseau
pour lancer votre startup en phase
d'amorçage
dans la Silicon Valley

Andreas Ramos

Cyril Ghattas

Copyright

Startup: Utilisez votre réseau pour lancer votre startup en phase d'amorçage dans la Silicon Valley, par Andreas Ramos. Version française, par Cyril GHATTAS. Tous droits réservés. © 2018 Andreas Ramos

ISBN: 9781717988539

La version 2.0, juillet 2018

La version 2.0 de ce livre a été traduite en français et en coréen.

Vous pouvez vous la procurer sur papier, en format numérique (sur Kindle), ainsi qu'en podcast audio ou vidéo.

Si vous lisez ceci après le 31 décembre 2018, consultez andreas.com/startup pour obtenir la dernière version à jour.

Le site web de ce livre

Consultez andreas.com/startup et ghattas.fr/startup

Vous avez trouvé une erreur ?

Si vous trouvez des erreurs ou des phrases incomplètes, merci de m'en informer. Précisez bien le numéro de page ou la phrase pour que je puisse la retrouver et l'adresser à Cyril GHATTAS

Vous avez des idées, des commentaires ?

Communiquez-les moi ! Envoyez-moi un mail (andreas@andreas.com I cyril@ghattas.fr) ou postez un commentaire sur la page internet du livre. J'inclurai les changements dans la version actualisée.

Production

Couverture par Ginger Namgostar. Mise en page par Anaximander Katzenjammer. Bande originale par Eliza Rickman, Coeur de Pirate, Lenka, Basia Bulat et Zaz, sur Pandora.

Dédicace

Pour Gala Gil Amat et Adrian Rodriquez

A propos de l'auteur Andreas Ramos

J'ai monté trois startups. J'en conseille quinze. J'ai travaillé dans plus d'une trentaine de startups de la Silicon Valley. J'ai travaillé chez SGI et SUN, j'ai été directeur digital chez Acxio et directeur du référencement mondial chez Cisco. J'enseigne à l'INSEEC SF, une école de commerce française implantée à San Francisco, j'ai écrit douze livres sur le référencement, je suis diplômé de l'Universität Heidelberg et j'ai une maison à Palo Alto dans laquelle j'habite avec ma femme et mon chat.

Pour en savoir plus sur moi, allez sur andreas.com.

Vous pouvez m'écrire à andreas@andreas.com

Inscrivez-vous à ma newsletter sur eepurl.com/wC-C1 ou sur mon site.

A propos de l'auteur Cyril GHATTAS

J'ai créé en 2016 CYRWARE TECHNOLOGY organisme de formation spécialisé dans le numérique, le digital et l'informatique. https://www.cyrware-technology.com

Manager et consultant, j'ai accompagné plusieurs entreprises du CAC 40 dans le conseil opérationnel et en stratégie IT.

Je suis de formation ingénieur et diplômé d'un MBA de management général d'entreprise de l' IAE Paris et de l'université Paris I Sorbonne Panthéon et d'un MBA de dirigeant d'entreprise de l'Institut Français de Gestion.

Pour en savoir plus sur moi, rendez-vous sur http://www.ghattas.fr

Vous pouvez m'écrire à cyril@ghattas.fr

Traduction

Ce livre a été traduit en coréen par Dale Ho Kim en Corée du Sud et en français par Cyril Ghattas en France.

Marques

Tous les noms des entreprises et des produits cités sont des marques, des marques déposées ou des appellations commerciales qui appartiennent à leurs propriétaires respectifs et ont été utilisés uniquement à des fins éditoriales. Il ne s'agit en aucun cas d'atteinte, de publicité ou d'affiliation à ces entreprises ou à ces produits.

Remarque sur la promotion

Si je cite des sociétés, des logiciels, des livres, etc., c'est parce qu'ils vous seront utiles. Je ne suis en aucun cas payé par eux pour le faire.

Remerciements pour la version anglaise

Au cours de l'élaboration de ce livre, j'ai rencontré de nombreuses personnes. Je remercie vivement les excellentes idées de (par ordre alphabétique) : Adrian Rodriquez, Alston Ghafourifar, Barry Simon, Bob Chunn, Eric Milliken, Mehdi Ghafourifar, Patrick Chung, Ron Morris, Ronda Broughton, Vera Kryukova, Zhihong Gong, et les étudiants de l'INSEEC SF. Je remercie tout spécialement Ed Ipser pour tous ses retours et ses suggestions.

J'ai également apprécié de nombreuses idées tirées de *Zero to IPO* de David Smith, de *The Business of Venture Capital* de Mahendra Ramsinghani et des conférences organisées par Y-Combinator.

Remerciements pour la version française

Je tiens à remercier Andreas Ramos de m'avoir confié ce travail, mon épouse et ma famille pour leurs soutiens et remercie ceux qui ont contribué à cette traduction Camille Roze et Wilfried Zinsou.

Table des matières

COMMENÇONS 7

1: VOTRE STARTUP EN PHASE D'AMORÇAGE 12

2 : VOTRE ÉQUIPE FONDATRICE 33

3: MONTEZ VOTRE ENTREPRISE 52

4 : INTERVIEWEZ VOS CLIENTS 82

5 : DÉVELOPPEZ VOTRE PRODUIT 103

6 : LES ASPECTS JURIDIQUES 115

7 : LE FINANCEMENT 135

8 : LA COMPTABILITÉ 182

9: VENDRE VOTRE STARTUP 187

10 : LA VIE APRÈS VOTRE STARTUP 212

EN CONCLUSION 214

POUR APPROFONDIR 215

Commençons

A qui s'adresse ce livre ?

Vous avez une idée et vous voulez créer une startup. Vous commencez par monter une startup en phase d'amorçage.

Une startup en phase d'amorçage ?

Une startup en phase d'amorçage (soit seed startup ou early-stage startup) est une équipe constituée d'un petit nombre de personnes qui travaillent ensemble à transformer des idées en entreprise. Une fois que la startup en phase d'amorçage a développé son produit, elle passe en phase de lancement puis en phase avancée où elle commence à développer son revenue model, c'est à dire sa stratégie pour gagner de l'argent, comme la publicité, les abonnements, les ventes, etc.

Dans le livre, nous ne parlerons que des startups en phase d'amorçage : comment développer son idée et se lancer.

Qu'est-ce qu'une startup connectée ?

Idée-clé : Pour qu'une startup réussisse, ses fondateurs doivent entretenir des liens étroits entre eux et avec leurs conseillers, leurs investisseurs et leurs clients.

L'on a souvent tendance à réduire la Silicon Valley à la technologie et aux outils numériques. Mais il s'agit en fait d'un étroit maillage entre personnes qui partagent ressources et informations : où trouver des co-fondateurs, des conseillers, des investisseurs et des clients, comment lancer une startup avec peu d'argent, les meilleures solutions techniques, ce qui fonctionne et ce qui ne fonctionne pas, les personnes et les outils à éviter. C'est ce qu'on appelle le réseau.

C'est ce que j'ai appris en écrivant ce livre et en rencontrant des dizaines de fondateurs, de conseillers et d'investisseurs. Il s'agit de l'idée maîtresse de ce livre. Si vous ne deviez apprendre qu'une seule chose, apprenez comment créer et entretenir votre réseau.

Quel que soit le domaine dans lequel vous travailliez, vous avez besoin de réseau. J'ai moi-même œuvré dans différentes sphères d'activités et y ai trouvé à chaque fois d'importants réseaux d'experts présents depuis 15 ou 20 ans, qui maîtrisaient extrêmement bien leur domaine et se connaissent tous entre eux. Si vous voulez réussir, vous devez intégrer ce réseau.

Ce qu'est ce livre

Ce livre vous permettra d'effectuer vos premiers pas dans le lancement de votre startup en phase d'amorçage dans la Silicon Valley (SV). Dans ce livre, vous trouverez comment :

- Créer son équipe de co-fondateurs et de conseillers

- Développer son idée

- Acquérir une présence numérique

- Créer l'entité juridique de votre entreprise

- Créer et gérer des actions

- Trouver des financements

- Vendre ou conserver son entreprise

A qui ce livre ne s'adresse-t-il pas ?

Si vous cherchez un emploi stable avec des horaires de bureau classiques cinq jours par semaine, postulez dans de grandes entreprises.

Si vous aimez l'aventure, montez une startup. Une startup en phase d'amorçage, c'est 80 h de travail par semaine dans un chaos permanent et sans aucune assurance de finir par gagner de l'argent. Et la plupart du temps, les personnes qui montent leur première startup sont à peu près sûres d'échouer.

Interviews de fondateurs

J'ai interviewé 26 fondateurs de startups, directeurs d'incubateurs et investisseurs en capital-risque pour qu'ils me parlent de ce que vivent réellement es startups de la Silicon Valley, au Danemark, en Finlande, en Suède, en France, en Allemagne, en Espagne, en Chine, en Inde, en Corée du Sud, en Colombie, en Indonésie et également à Hawaï, en Floride et à New-York. Je leur suis très reconnaissant de leur aide et de leur ouverture.

Ces rencontres et ces échanges m'ont amené à faire de nombreuses modifications. Souvent, après avoir traité d'un sujet, j'ajouterai des témoignages de fondateurs. Il arrive que ces témoignages se contredisent, mais ce n'est pas un problème. Il y a mille façons d'arriver au sommet.

➜ Les remarques de ces fondateurs seront indiquées par cette flèche.

Ces fondateurs sont : Brienne Ghafourifar (SV), Oscar Gomez (Colombie), Gala Gil Amat (Espagne), Sandro Groganz (Allemagne), Dick Brunebjerg (Danemark), Joseph Biley (Cote d'Ivoire, Afrique de l'Ouest), Jules Peysson (France), Scott Stouffer (SV), Lars Birkemose (Danemark), Kenneth Low (Singapour), Nick Hurd (Hawaï), Camille Belin (France), Sarah Green Brodersen (Danemark), Virginie Glanzer (New-York),

Clément Gonthier (France), Maruf Yusupov (Danemark), Mehdi Coly (France), Andrea Lynn Cianflone (New-York), Wei Nie (Chine), Yeni Kim (Corée du Sud), Varun & Rahul Aggarwal (Indie), et Chris Beach (États-Unis).

J'ai également rencontré ces directeurs d'incubateurs : Claire Chang d'IgniteXL à Redwood City, Steve Hoffman de Founders Space à San Francisco, et Ed Ipser d'IpserLab à Los Gatos, ainsi que différents business angels et investisseurs en capital-risque.

Version 1.0

Ce livre évoluera au fur et à mesure que nous continuerons à apprendre ce qui fonctionne et ce qui ne fonctionne pas. Je donne ce cours deux fois par an et travaille avec des startups en Californie, en Espagne, en Angleterre, au Danemark, en Suède, en Finlande, en France, en Chine, en Corée, en Afrique et ailleurs. Je publierai régulièrement des versions actualisées de ce livre. Si vous avez un ebook Kindle, la nouvelle version se téléchargera automatiquement.

Si vous tentez une nouvelle façon de faire et qu'elle fonctionne, faites-le-moi savoir. Je l'ajouterai.

Si vous tentez une façon de faire tirer de ce livre et qu'elle ne fonctionne pas, faites-le-moi savoir également. Je l'enlèverai ou je préviendrai les autres lecteurs.

Si vous avez des critiques, faites-m'en part. Après trois mariages, j'ai l'habitude d'entendre les critiques.

Quelques remarques sur ce texte

- Au lieu d'écrire à chaque fois "produits et services", je me contenterai simplement de "produits".

- Certaines personnes se demanderont peut-être pourquoi j'explique des mots et des idées "que tout le monde connaît". Ce livre sera lu en Chine, en Afrique et en Asie où les mots courants tels que "pitchs" sont inconnus. Même les Américains sont susceptibles de ne pas connaître telle ou telle idée. Je me suis aperçu que beaucoup de personnes n'avaient jamais vu de seuil. Indice : ce n'est pas quelque chose que l'on trouve dans un bureau.

- J'ai rédigé ce livre dans un style compréhensible par tous. S'il y a un mot ou une phrase que vous ne comprenez pas, faites-moi en part et je réécrirai le passage en question.

- Certaines personnes me demandent pourquoi je n'écris pas dans un style plus formel, plus adapté au monde des affaires. C'est pour une bonne raison. Les startups sont intensément personnelles. Vous finirez par connaître très intimement vos co-fondateurs. Alors je ne vois pas de raison d'être formel.

- Pourquoi ce livre est-il aussi court ? Les autres livres sur les startups font 400 pages. Les personnes aiment les livres courts.

Pas d'autres questions ? Alors commençons.

1: Votre startup en phase d'amorçage

Qu'est-ce qu'une startup en phase d'amorçage ?

Il y a plusieurs étapes dans la vie d'une startup de la Silicon Valley.

- La phase d'amorçage (seed startup ou early-stage startup en anglais) : Quelques personnes ont une idée, montent une équipe, rencontrent des utilisateurs et créent un produit pour voir s'il existe un business model viable. Elles s'entourent de quelques conseillers. Elles peuvent rejoindre des incubateurs et des accélérateurs. Si leur idée paraît bonne, elles se font financer par leur famille, leurs amis et des business angels.

- La startup en phase de lancement (ou mid-stage startup): Le projet passe en phase de commercialisation, ce qui signifie qu'il attire des clients et commence à gagner de l'argent. La startup recrute quelques salariés et prestataires. Elle fait du marketing, réalise des ventes et obtient ses premiers chiffres. Elle attire de nouveaux financements, provenant cette fois-ci de business angels et éventuellement d'investisseurs en capital-risque (ou VC pour Venture Capitalists).

- La startup en phase avancée (ou late-stage startup) : Le projet prend la forme d'une véritable entreprise et devient rentable. La startup embauche des directeurs et des salariés. Elle investit dans le marketing et la publicité pour continuer à croître. Elle ouvre de nouveaux services internes. Elle continue à être financée par des business angels et des VC.

Ensuite, vous vendez la société, vous la fusionnez avec une autre, vous l'introduisez en bourse ou vous lui consacrez toute votre carrière.

La définition des différentes étapes par lesquelles passent les startups n'est pas figée. Les fondateurs et les investisseurs ayant chacun des objectifs différents, ils emploieront d'autres noms et d'autres définitions. De plus, il s'agit d'un milieu où tout est en constante évolution.

Alors qu'est-ce qu'une startup ?

Pendant un certain temps, le terme startup désignait une société technologique implantée dans la Silicon Valley.

Mais aujourd'hui, presque toutes les sociétés sont technologiques. Uber est-elle une société technologique ou une société de taxi qui utilise des logiciels ? Chaque année, cette distinction est de plus en plus floue. Je parlerai ici des startups technologiques, mais ce livre peut être appliqué à tous les autres types de startups.

Qu'est-ce que la Silicon Valley ?

Entre les années 1930 et les années 1990, la Silicon Valley (SV) était peuplée d'ingénieurs qui créaient des objets : des puces, des disques durs, des routeurs, etc.

A partir du milieu des années 1990, la Silicon Valley s'est tournée vers Internet et le web. Yahoo ! et Google sont nés. Les médias sociaux sont apparus au milieu des années 2000 avec Facebook, Instagram, Pinterest et autres. La Silicon Valley est aujourd'hui constituée de tant de sociétés web qu'on devrait la rebaptiser la *Digital Valley*.

La Silicon Valley s'articule autour de trois piliers qui fonctionnent étroitement ensemble :

- Les startups, des équipes de fondateurs et de conseillers qui créent des sociétés. Il y a environ 30 000 startups dans la Silicon Valley (voir goo.gl/zk54re).

- L'argent, investi dans les startups par des business angels qui ont eux-mêmes gagné de l'argent grâce à leurs propres startups, ou par des investisseurs en capital-risque (des VC ou Venture Capitalits) qui gèrent de l'argent provenant de fonds d'investissements.

- Les services juridiques, qui s'occupent des immatriculations de société, des contrats, de la propriété intellectuelle (PI), des brevets, des droits d'auteurs et des marques déposées. Ces activités sont prises en charge par des avocats ainsi que par des services de fusion-acquisition (fusac ou M&A pour Merger Acquisition) et des banquiers d'investissements (ou IB pour investment bankers) qui préparent la vente ou l'introduction en bourse (ou IPO pour Initial Public Offering) des startups.

Retenez seulement qu'il y a trois grandes parties : les idées, l'argent, et tous les aspects juridiques.

Où se situe la Silicon Valley ?

Comme tout ce qui concerne la Silicon Valley, son emplacement est en perpétuel changement.

Lorsque je suis arrivé dans la Silicon Valley au début des années 90, ce que l'on appelle la Silicon Valley se limitait à Palo Alto et à quelques autres petites villes des environs : Mountain View, Sunnyvale, Santa Clara et Cupertino. Il s'agissait réellement une petite vallée, entre deux chaînes de montagnes assez basses.

A la fin des années 1990, la SV occupait le triangle formé par les autoroutes 101, 237 et 880. Là où l'on pouvait voir autrefois de grands vergers remplis d'arbres fruitiers se trouvent aujourd'hui Cisco et la plupart des sociétés internet.

Au milieu des années 2000, la SV s'étendait de San Mateo au nord de San Jose jusqu'à Fremont, de l'autre côté de la baie.

Au début des années 2010, la SV a inclus les startups de San Francisco en s'étendant sur la Greater Bay Area, un triangle d'environ dix millions de personnes allant du comté de Marin au nord-ouest à Tahoe au nord-est jusqu'à Monterey au sud.

Et puis la Silicon Valley s'est mondialisée. Ce qui n'était autrefois que quelques petites villes dans une modeste vallée est devenu un réseau mondial. Les entreprises étant principalement en ligne, l'endroit depuis lequel les équipes travaillent importe peu. Les visioconférences gratuites, les mails et le partage de documents ont permis de travailler de partout. Les personnes peuvent travailler de chez elle et avoir l'Europe au téléphone tôt le matin et la Chine et l'Inde tard le soir. La SV est probablement la région la plus globalisée au monde : 74 % des personnes qui y travaillent sont originaires d'un autre pays (voir goo.gl/PM1XZ2, p. 14).

La Silicon Valley est aujourd'hui dans le monde entier. C'est pour cette raison que j'ai interviewé des Chinois, des Indiens, des Européens, des Sud-Américains et des Américains.

Vous pouvez monter votre startup de la Silicon Valley n'importe où dans le monde. Vous pouvez trouver des idées et tirer des expériences des startups de la Silicon Valley, voir ce qui fonctionne dans votre pays et votre ville, vous servir du web pour vous mettre en relation et travailler avec des personnes de la SV, et monter votre startup d'où que vous soyez. Ce qui s'est produit dans la Silicon Valley ces vingt dernières années préfigure ce qui se produira dans le monde entier au cours des vingt prochaines années.

Lancer sa startup en trois étapes

Voici un rapide aperçu de ces trois étapes. Nous reviendrons sur chacune d'entre elles dans ce livre.

- Vous montez une petite équipe de co-fondateurs et de conseillers.

- Vous allez à la rencontre de clients pour trouver des problèmes qui leur coûtent de l'argent ou du temps.

- A la suite de ces rencontres, vous construisez des produits qui résolvent ces problèmes. Vous devriez être capable de savoir en six à huit semaines si votre produit marchera ou pas.

- Lorsque vous êtes en mesure de prouver qu'il y a assez de clients intéressés, que ce produit leur fera gagner du temps et de l'argent et qu'ils sont prêts à payer pour l'avoir, vous intéressez les investisseurs. A ce moment-là, vous passez d'une startup en phase d'amorçage à une startup en phase de lancement : vous trouvez des investisseurs, vous immatriculez votre société, vous ouvrez un compte en banque et vous acceptez des financements. Vous injectez cet argent dans un service marketing et commercial, ce qui générera des revenus. Lorsque vous aurez des clients, vous ajouterez un service d'assistance.

- Enfin, il y a l'exit. Vous vendez la startup en phase d'amorçage ou en phase avancée à une grande société qui fera encore plus de commercial et de marketing. Vous recevez 10 millions de dollars, partagez l'argent avec vos co-fondateurs et vos investisseurs, et vous vous offrez une plage privée.

Ces trois étapes suffisent.

Il y a aussi beaucoup d'administratif, comme l'immatriculation de la société, les avocats, les contrats, la comptabilité, etc. Ce sont des choses auxquelles on ne peut pas échapper, mais faites-les juste pour qu'elles soient faites. Votre principale mission consiste à gérer votre équipe, vos clients et votre produit.

Et si vous avez remarqué qu'il y avait plus de trois étapes, c'est que vous suivez bien.

Le coût de lancement d'une startup

Au milieu des années 1990, il fallait environ 20 millions de dollars pour monter une startup. Comme il s'agissait de mini-sociétés, il fallait des administrateurs système, un service informatique, un service comptabilité, un service de ressources humaines, des secrétaires, des réceptionnistes, des concierges et j'en passe. Il fallait acheter des ordinateurs, des serveurs, des systèmes téléphoniques, etc. On faisait de la publicité sur les radios, les chaînes de télévision et les journaux nationaux, ce qui coûtait cher.

Aujourd'hui, vous pouvez effectuer la phase d'amorçage pour très peu d'argent.

Mais de combien parle-t-on lorsque l'on parle de "très peu d'argent" ? Si vous faites une application qu'on pourra trouver sur l'App Store d'Apple, vous devrez avoir une licence de développeur d'application Apple, qui coûte 100 dollars. Vous utiliserez Google Adwords pour tester vos mots-clés (pour les noms de votre produit), les expressions (les slogans, les pitchs, les accroches), et les logos. Vous pouvez avoir tout ça pour entre 100 et 200 dollars. Si vous vous enregistrez sur Google Analytics (ce que je vous recommande fortement), vous recevrez 150 dollars de crédit de Google. Donc pour la phase d'amorçage, soit les premiers trois à six mois, vous pourrez ne débourser qu'entre 100 et 200 dollars.

Que dois-je savoir sur les startups ?

Vous ferez deux choses en même temps :

vous développerez votre produit et vous construirez la partie business de votre startup.Vous devrez comprendre tous les aspects juridiques et les implications d'une création de société, comme la répartition des actions. Si vous voulez être financé, tous les membres de l'équipe fondatrice devront comprendre ce que veulent les investisseurs et comment ils travaillent. Vous devrez comprendre le système des parts de capital, aussi bien en terme de nombre que de pourcentage de la société, et comment vous serez affecté par la dilution. Vous devrez aussi comprendre comment les actions préférentielles feront en sorte que la plupart de l'argent reviendra aux investisseurs.

Et l'immatriculation de votre société, les avocats et le financement ?

Pour recevoir deux millions de dollars de la part d'un investisseur, vous avez besoin d'un compte en banque professionnel sur lequel déposer cet argent.

Pour avoir un compte en banque professionnel, vous avez besoin d'un EIN (*Employer Identification Number*).

Pour avoir un EIN, vous avez besoin d'immatriculer la société

Toutes ces démarches sont à faire à la fin de la phase d'amorçage de votre startup. D'abord, vous constituez une équipe et vous essayez de voir si vous avez un produit. Ensuite seulement, vous lancez votre recherche de financement. Lorsqu'un investisseur vous donne de l'argent, vous immatriculez votre société, vous ouvrez votre compte en banque professionnel et vous y déposez le chèque.

Beaucoup de startups immatriculent leur société au début, alors qu'elles n'en sont encore qu'au développement de leur produit, ou même avant ce développement. C'est une erreur. D'abord, parce que ces démarches sont chronophages, et à ce stade, vous n'avez pas de temps à perdre. Ensuite, parce que créer sa société coûte environ 2 000 dollars (et si vous ne savez pas ce que vous faites, les avocats vous en demanderont 20 000 à 30 000 dollars). Enfin, si vous découvrez que votre idée ne fonctionne pas, vous aurez perdu de l'argent et du temps. Attendez d'avoir un investisseur et utilisez cet argent pour immatriculer votre société.

Ce dont vous aurez besoin

Vous n'aurez besoin que de quelques outils :

- De la confiance : Faites-vous confiance, croyez que vous ferez de votre mieux et que vous réussirez. N'écoutez pas les mauvaises langues et les pessimistes.

- De l'implication : Vous devrez travailler d'arrache-pied pendant un an ou deux.

- De la persévérance : Presque tous les fondateurs que j'ai rencontrés ont un point commun : ils refusent qu'on leur dise non. Ils ont forcé et poussé pour faire en sorte que les choses arrivent. Vous vous heurterez à de nombreuses portes closes : poussez-les fort jusqu'à ce qu'elles s'ouvrent. Et si la porte ne s'ouvre pas, passez par la fenêtre.

Ajoutez à cela un ordinateur, et c'est tout ce dont vous aurez besoin.

➜ J'ai remarqué que presque tous les fondateurs sont des personnes très heureuses. Elles travaillent entre 12 et 14 heures par jour, six jours sur sept, mais ne s'en plaignent pas, parce qu'elles font ce qu'ils veulent et que personne ne leur dit quoi faire. Lorsque l'on se retrouve dans cette situation, l'on n'a pas l'impression qu'il s'agit d'un travail. Et l'on ne s'ennuie absolument pas.

➜ Vous aurez aussi besoin de courage. Vous aurez besoin de courage pour arrêter ce que vous êtes en train de faire et vous lancer dans quelque chose que vous n'avez jamais fait et dont vous ignorez les chances de réussite.

Pourquoi ne pas se contenter d'avoir un emploi salarié ?

Ne devriez-vous pas plutôt trouver un bon emploi dans une grosse entreprise ? Ce serait peut-être plus sûr !

Les emplois salariés n'ont pas que des avantages. Les entreprises veulent employer des personnes qui restent dans les rails. Ce qui veut dire que vous n'y apprendrez pas grand-chose. Être salarié n'est pas un gage de sécurité parce que les entreprises renvoient les personnes pour améliorer leurs chiffres trimestriels (et comme, lorsque cela se produit, les vice-présidents ont un bonus, ils ont tout intérêt à renvoyer des employés).

Mais les rémunérations en entreprise ne sont-elles pas plus avantageuses à long terme ? Pour garder votre emploi, vous devez rapporter environ 4 fois votre salaire. Si vous êtes payé 100 000 dollars par an, alors vous devez rapporter 400 000 dollars à votre entreprise. Cela vous viendrait-il à l'idée de gagner 400 000 dollars et de donner 300 000 dollars à quelqu'un d'autre ?

Comment trouver un emploi dans une startup en phase d'amorçage ?

Comme vous le verrez dans ce livre, les startups en phase d'amorçage n'embauchent personne. Ce sont de petites équipes de fondateurs, de conseillers et d'investisseurs. Si jamais les fondateurs trouvent un peu d'argent, celui-ci ne servira qu'à couvrir leurs frais.

Il y a des personnes qui se font embaucher chez Facebook et Twitter, mais ces entreprises ne sont pas des startups en phase d'amorçage.

Dans une startup en phase d'amorçage, il n'est pas non plus possible d'avoir un stage ou d'être en formation. Vous aurez d'énormes responsabilités et personne pour vous aider. Un jour, un stagiaire a commencé son stage chez nous à 9 h du matin. A 10 h, je lui demande de m'accompagner à un rendez-vous avec un client important. Avant d'arriver, je le préviens que si je le présente en tant que stagiaire, les clients l'enverront faire du café, et que je vais donc le présenter comme un de nos directeurs. Nous signons le projet, et à 13 h, je le lui confie. "Et qu'est-ce que je dois faire, maintenant ?" "Je dois aller à un autre rendez-vous, là, donc débrouille-toi tout seul", lui ai-je répondu.

Vous êtes peut-être en train de vous demander : "Mais ça n'existe pas, les personnes qui ont des jobs dans des startups, gagnent beaucoup d'argent et d'actions, et font fortune ? Comme dans les films ?"

Oui, cela arrive, mais pour une startup qui réussit, il y en a dix-neuf qui échouent. Vous serez épuisé, vos actions ne vaudront rien, le coût prohibitif de votre logement et de vos courses dans la Silicon Valley aura raison de votre salaire, et vous ne verrez jamais votre famille.

Au lieu d'avoir un emploi, montez une startup. Votre famille sera fière de vous.

Si malgré cela, vous voulez encore travailler pour une startup en phase de lancement ou en phase avancée, allez sur angel.co.

→ Si vous voulez monter une startup mais si vous n'avez pas le réseau nécessaire ou si vous ne savez pas comment faire, vous pouvez rejoindre une startup et tout y apprendre. Une année dans une startup équivaut à sept ans n'importe où ailleurs.

La Silicon Valley, cet iceberg

Vous ne voyez que la partie émergée de l'iceberg. 92 % de l'iceberg est sous l'eau.

Comme les icebergs, la plus grande partie de la Silicon Valley ne se voit pas. Les personnes vont à des conférences, des hackathons et des pitch nights, mais elles ne voient pas le réseau, les relations, l'expérience.

Beaucoup de rencontres ont lieu dans les jardins de Palo Alto, souvent le soir et souvent le week-end. Dans la Silicon Valley, les relations entre experts sont étroites et personnelles.

Ce qui étonne souvent, dans la Silicon Valley (à part le ciel perpétuellement bleu et les bons restaurants), c'est l'ouverture et la coopération qui règne entre ses habitants. Presque partout ailleurs dans le monde, les personnes qui montent des entreprises sont secrètes et peu enclines à aider. Pour une raison que j'ignore, dans la Silicon Valley, nous partageons nos idées, nos informations et nos ressources.

Développez votre réseau

Un réseau, ça ne se reçoit pas, ça se construit. Discutez avec les personnes que vous rencontrez et montrez-leur ce que vous faites. Elles vous présenteront à de nouvelles personnes. Parmi ces personnes, il y a :

- Des conseillers qui ont fondé trois startups et ont dix ans d'expérience.

- Des directeurs d'écoles de commerce et des professeurs qui ont eu des centaines d'étudiants ayant monté leurs propres entreprises. Ils peuvent aussi être conseillers auprès de sociétés et connaissent des investisseurs.

- Des directeurs d'incubateurs et d'accélérateurs qui travaillent avec des startups et des investisseurs.

- Des présidents de groupes d'investisseurs qui connaissent d'autres investisseurs.

- Des sociétés de capital risque, composées de general partners, d'associés, d'associés juniors, d'analystes et de stagiaires. La plupart d'entre eux sont très actifs dans la Silicon Valley et constamment à la recherche de startups.

Au fur et à mesure que vous lancerez des startups, vous vous bâtirez un important réseau de relations. Elles vous seront utiles tout au long de votre carrière.

Si vous montrez que vous êtes capable de monter un business viable, les investisseurs viendront à vous. Quand Mark Zuckerberg est arrivé à Palo Alto, il n'a pas eu à démarcher les investisseurs. Ce sont eux qui se battaient pour le rencontrer.

➜ Un fondateur disait que s'il n'y avait qu'un seul conseil à donner aux nouveaux fondateurs, ce serait de s'entourer de conseillers expérimentés aux carnets d'adresses bien remplis. Impliquez vos conseillers dans votre projet et mettez à profit leurs réseaux. La startup de ce fondateur avait trente conseillers, ce qui lui a permis de lever des fonds entièrement via des réseaux personnels et sans faire appel à aucun VC.

➜ Plusieurs fondateurs m'ont dit que tout dépendait du réseau. Si vous faites partie du sérail, les personnes auront envie de vous rencontrer pour vous parler. Mais si vous ne créez pas de relations, il sera très difficile de s'intégrer.

Alex Pentland, professeur au MIT, a étudié des millions d'investissements sur eToro, une plate-forme de trading en ligne pour spéculateurs journaliers. EToro bénéficie aussi un réseau social où les spéculateurs peuvent échanger idées et stratégies. Il s'est rendu compte que les spéculateurs étaient soit isolés soit extrêmement reliés aux autres spéculateurs. Les spéculateurs les plus reliés gagnaient 30 % de plus que ceux qui étaient isolés.

Reid Hoffman, fondateur de LinkedIn, a donné une conférence lors d'un événement Y-Combinator dans laquelle il racontait avoir vendu LinkedIn à Microsoft pour 26 milliards de dollars, et s'était reconverti en VC depuis 2010. Sam Altman lui a demandé combien il recevait de propositions de startups par an. Hoffman lui a répondu : "Environ 6 000. - Et combien en lisez-vous ? - Aucune. Je les efface. - Vous n'en lisez absolument aucune ? - Non, je les efface toutes. - Mais ne risquez-vous pas de passer à côté de quelques bonnes idées ? - Non, parce que si la personne ne dispose pas du réseau suffisant pour me transmettre sa proposition par quelqu'un qui me connaît, alors elle n'a pas les bons réseaux pour trouver des co-fondateurs. Elle n'a pas les bons réseaux pour recruter des employés. Elle n'a pas les bons réseaux pour rencontrer des investisseurs. Elle n'a pas les bons réseaux pour trouver des clients. Alors si elle n'est pas en mesure de me faire passer sa proposition par ses relations, elle court probablement à l'échec."

Le dress code de la SV

Quelle tenue vestimentaire adopter dans la Silicon Valley ?
Comme partout ailleurs, il y a des normes. Elles ne sont pas
nombreuses mais elles existent quand même.

Lorsque l'on arrive pour la première dans la Silicon Valley, l'on
a l'impression de n'être entouré que de jeune diplômés de
Berkeley. Polo ou t-shirt, jean et chaussures de sport. En été,
short et sandales.

A New-York, la cravate est de mise. Ne mettez pas de cravate
dans la Silicon Valley, ou l'on saura que vous n'y connaissez
rien.

Cette histoire de jean et de t-shirt peut être problèmatique. Si
vous êtes à New York et qu'un type pieds nus, avec une longue
barbe, un vieux t-shirt et un jean déchiré vous adresse la parole,
vous appelez la police.

Mais à Palo Alto, j'ai souvent vu Steve Jobs dans un café du
coin, avec un t-shirt, un vieux jean, et pieds nus. Ce que les
personnes de la SV vont regarder, ce sont vos compétences
techniques, et c'est à peu près tout.

Votre présence numérique

Vous avez donc besoin de jeans, de t-shorts, mais ce n'est pas
tout.

Vous devez être présent sur le web pour que les personnes, les
investisseurs et les clients, puissent vous trouver. Cela se
traduit par :

- Un site web personnel : Ce site peut ne faire qu'une page.
  Vous pouvez vous servir de Wordpress ou de n'importe
  quel autre site.

- Une photo professionnelle : une vraie photo de qualité

professionnelle. Ne faites pas une simple capture d'écran.
Rendez vous chez un photographe professionnel.

- Une page sur Crunchbase, Angel.co, LinkedIn, Facebook et
  Twitter.

- Un numéro de téléphone et un mail : ayez un numéro de
  téléphone américain et créez une adresse mail au nom de
  votre startup (ou allez sur Gmail).

➜ Un fondateur ajoutait : pour avoir un numéro de téléphone
américain, achetez une carte SIM chez T-Mobile à 3 dollars par
mois (et pré-payée pendant un an). Lorsque vous êtes aux
États-Unis, utilisez la carte SIM et allez chez T-Mobile pour
acheter un mois de téléphone et de datas internet pour 40
dollars.

Sur votre site internet et sur vos profils sociaux, mettez tous les
références, les expériences et les expertises que vous jugerez
pertinentes. Ce dernier mot est important. Par exemple, vous
avez un diplôme en informatique à l'Université de Genève et
votre équipe a remporté deux hackathons. Ne parlez pas de
votre certificat de dresseur pour chiots.

Vous aurez également besoin de cartes de visite
professionnelles. C'est un peu étrange, mais elles sont encore
très populaires.

Vous (et vos co-fondateurs) devez vraiment avoir une présence
numérique pour que les investisseurs et les clients puissent
vous trouver lorsqu'ils vous cherchent. S'ils ne vous trouvent
pas, ce n'est pas bon signe.

Vous devez également vous assurer que vos profils sociaux
donnent une bonne image de vous. Les investisseurs et les
conseillers, ainsi que de gros clients, sont susceptibles de
consulter ces pages. Regardez ce que l'on dit de vous sur
Facebook, Twitter, etc., et retirez ce qui ne devrait pas y figurer.

Si vous avez un nom très courant et que l'on ne peut pas vous trouver sur Google, utilisez Google Adwords. Mettez votre nom et un mot-clé entre guillemets et entre crochets ("john smith" et [john smith]) et créez une publicité pour vous-même. Fixez l'enchère à 0,25 dollar avec un budget quotidien de 1 dollar.

Une semaine de travail dans votre startup

Si une semaine de travail représente 40 heures de travail, alors une semaine à 60 heures est une semaine à 150 %. Un des fondateurs que j'ai interviewés travaille à 340 % depuis cinq mois.

Mais ne comptez pas vos heures. Vous travaillerez efficacement et vous ferez davantage en une semaine qu'un employé en deux mois.

Dans la SV, nous appelons cela des années de chien. L'on dit qu'une année de chien représente sept ans pour les humains. Un chien de deux ans est aussi vieux qu'un adolescent de quatorze ans. Vous ferez plus en un an dans votre startup qu'en sept ans n'importe où ailleurs.

Même si beaucoup de fondateurs travaillent tous les jours pendant 3 à 6 mois, je vous conseille de vous détendre le dimanche. Si vous vous épuisez, vous ne travaillerez pas bien.

➜ Est-il dur de travailler ? Non, presque tous les fondateurs se rejoignent sur le fait qu'ils aiment vraiment cela parce qu'ils font ce qu'ils ont vraiment envie de faire. Il est finalement plus ennuyeux et donc plus dur de travailler 40 heures par semaine pour une entreprise.

Pourquoi monter des startups

Tant que vous n'êtes pas financé, vous avez la liberté de faire ce que vous voulez. La règle numéro 1 dans la Silicon Valley est : "Il n'y a pas de règle dans la Silicon Valley".

➜ Une des fondatrices me disait qu'elle adorait la créativité débridée des startups en phase de lancement. Beaucoup d'autres m'ont dit qu'il ne fallait pas faire ça pour gagner de l'argent ou pour créer une entreprise. Si vous montez une startup, c'est parce que vous adorez créer.

➜ Quelques-uns des fondateurs m'ont dit qu'ils avaient appris beaucoup de choses sur eux-mêmes. Au bout d'un certain temps, ils se rendaient compte que ce dont ils avaient vraiment envie, c'était avoir une entreprise stable bien à eux. Ils ne voulaient pas avoir une grosse entreprise avec des centaines d'employés, au risque de vite tomber dans une routine. Les grandes entreprises peuvent faire rêver, mais les personnes qui lancent des startups ont souvent envie de faire les choses par eux-mêmes.

Conséquences personnelles

Voici enfin quelques remarques sur la façon dont une startup influencera votre vie. Vous serez épuisé à force de travailler nuit et jour pendant des mois. Vous aurez mal partout à force de rester assis trop longtemps. Ces histoires de soirées en boîtes de nuit entre collègues, ça n'arrive que dans les films. Le samedi, à 3 h du matin, vous serez devant votre ordinateur.

Les startups sont également néfastes pour les couples. Une startup est encore plus intense qu'une relation de couple. C'est un très bon moyen de divorcer. Votre partenaire doit accepter le fait que vous disparaîtrez pendant un an ou deux.

Prenez des vacances. Allez au parc national de Redwood, sur les plages de Santa Cruz, dans le Big Sur, au parc national des Pinnacles ou à celui de Yosémite, au Grand Canyon, voir le Horseshoe Bend, au Lower Antelope Canyon et au parc national de Zion. Allez où il n'y a pas de bars.

Et quand je dis "pas de bars", je parle aussi des barres de réseau sur votre téléphone.

N'emportez pas votre ordinateur portable. Une fois, avec nos équipes, nous sommes allés à Hawaï : certains développeurs sont restés dans leur chambre d'hôtel à coder.

Vous pouvez aller à Maui (ou à Santa Cruz) vous allonger sur la plage et regarder les vagues et les oiseaux jusqu'à ce que vous vous demandiez combien d'argent vous perdez en restant à ne rien faire sur la plage.

Souvenez-vous des avantages : vous êtes en train de produire quelque chose que personne n'a jamais fait avant vous et dont tout le monde se servira.

→ Les fondateurs novices m'ont souvent parlé du manque d'expérience et d'incertitude. Tout est nouveau, il y a tout à inventer, et tout doit être fait en même temps et tout de suite. Le temps perdu engendre beaucoup de frustration. Il est également très effrayant de se rendre compte que tout peut tomber à l'eau et que l'on peut gâcher toute une année sans aucun résultat.

La vision à long-terme

Il est temps de passer aux mauvaises nouvelles. Si c'est votre première startup, il est probable que vous échouerez. Trop de choses à apprendre, à faire en même temps, trop d'erreurs, vous serez vite épuisé et dépassé.

Certains d'entre vous essayeront simplement de survivre. Il y a beaucoup de frais, peu d'argent, et personne ne croit en ce que vous faites. Vous finirez même par douter de vous-même. Mark Zuckerberg pensait que Facebook ne servirait à rien.

Monter une startup, c'est comme essayer de résoudre un casse-tête très compliqué en ayant l'impression d'avoir le mode d'emploi d'un autre casse-tête, des pièces manquantes et personne à qui demander conseil. Quand vous changez un paramètre, les autres changent sans que vous ne vous en aperceviez.

Si cela ne marche pas, parlez-en à vos conseillers et arrêtez tout rapidement. Ne laissez pas une idée moyenne traîner trop longtemps. Il est bon d'échouer rapidement, parce que vous serez en mesure de recommencer vite un nouveau projet.

La bonne nouvelle, quand on échoue, c'est qu'on apprend à monter et à gérer une équipe, ainsi qu'à nouer des liens avec ses conseillers, ses investisseurs, ses clients et ses vendeurs. Si vous avez échoué mais que vous avez bien travaillé, votre équipe vous suivra dans votre prochaine startup. Presque tous les fondateurs sont d'accord pour dire que votre deuxième et votre troisième startups seront meilleures.

C'est comme quand on tombe de cheval : on se relève, on secoue la poussière de ses vêtements et on remonte en selle.

Je suis moi-même plusieurs fois tombé de chevaux lancés au galop.

Quel est l'avenir d'une startup ?

Comme je le disais plus haut, la SV a créé un marché mondial pour internet, le web et la technologie. Vous n'êtes plus limité au seul marché américain ou au seul marché allemand. Vous pouvez vendre partout dans le monde.

➜ Un des fondateurs que j'ai interviewé faisait remarquer qu'il y avait beaucoup de nouvelles technologies, comme l'IoT (pour *Internet of Things*, ou internet des objets), l'IA (pour Intelligence Artificielle), l'apprentissage automatique, l'imprimante 3D, les biotechnologies, la blockchain, etc. Ces technologies créeront de nouvelles plate-formes autour desquelles graviteront des douzaines de nouvelles entreprises, qui utiliseront les services de centaines d'autres. Par exemple, le concept de média social a créé tout un écosystème d'entreprises de médias sociaux, des centaines d'outils et des milliers d'agences. Il y aura des milliers de nouvelles startups. Ce que vous voyons aujourd'hui ne représente qu'1 % de ce qui existera.

Est-ce vraiment possible ? Lorsque je suis arrivé sur le web, il n'y avait que quelques milliers de personnes (ce qui explique que j'aie pu nommer mon site andreas.com).

Nous n'avions pas la moindre idée que ses utilisateurs se multiplieraient pour atteindre deux milliards. Le web aura doublé de taille dans les dix prochaines années.

Startups de fondateurs

Dans chaque chapitre, vous découvrirez les startups des fondateurs que j'ai interviewés. Vous en retrouverez la liste complète ainsi que leurs liens actifs. sur la page web de ce livre.

- Lars Birkemose, co-fondateur. Emote est un logiciel de montage vidéo pour appareils mobiles. Vous pouvez couper, faire des montages audio et vidéo, en ajustant le volume, le son de la musique, l'affichage graphique, etc. Cette appli est compatible avec les applications Snapchat, MSQRDE, Artisto, FXguru etc. Consultez Emote.com

- Dick Brunebjerg, fondateur. Perfion est une solution standard MDM de gestion de données de produits intégrée au référencement. Simple et rapide, elle permet d'obtenir toutes les données de produits d'une entreprise et de mettre à jour tous les canaux de sortie (web stores, sites webs, Amazon, eBay, prix affichés, catalogues, portails fournisseurs, fiches d'informations, médias sociaux, newsletters etc). Consultez Perfion.com

En résumé : l'histoire d'un fondateur

➜ Une fondatrice espagnole vient à Palo Alto pour les cours d'été entrepreneuriat de l'université de Stanford. Elle rencontre ses professeurs et les autres étudiants. Elle fait également la connaissance du responsable de sa résidence universitaire, qui passe son diplôme d'informatique. Celui-ci la présente à d'autres étudiants de Stanford, et notamment à des étudiants en ingénierie mécanique et en informatique. Un de ces étudiants, un Chinois, est ingénieur mécanique chez Brown. Un de ses amis de Londres avait lancé sa startup quelques années auparavant, et je faisais partie de ses conseillers. Il dit à la jeune femme de prendre contact avec moi. Je la présente à un autre fondateur, en Allemagne, que j'avais rencontré lors d'une conférence au Danemark. Le fondateur allemand la présente à son avocat à San Francisco. Je lui présente un ancien VC qui devient son conseiller en financement. Presque tous les jours, après les cours, elle se rend à des événements et à des conférences, et rencontre de plus en plus de personnes. Un jour, nous sortons tous pour aller dans un restaurant chinois Sichuan et nous rencontrons un étudiant thaïlandais, qui faisait médecine à Stanford et nous rejoint. Le petit ami de la fondatrice est ingénieur mécanique à l'UC Berkeley. Voulant en savoir plus sur les startups, il vient à Palo Alto me rencontrer et s'engage avec elle sur son projet. Elle doit faire un business plan, que nous rédigeons en deux heures. Son professeur de Stanford la présente à une multinationale qui s'intéresse à son entreprise. A la fin des cours de Stanford, elle décide de rester dix jours supplémentaires, chez nous, et continue à rencontrer des personnes de la Silicon Valley. Elle travaille avec un avocat de San Francisco et et se lance dans l'immatriculation de sa société. Début septembre, elle est évaluée à un million de dollars. A la fin du mois d'octobre, l'évaluation est passée à 4 millions de dollars. Elle retourne en Espagne. En décembre, elle revient à Palo Alto pour pitcher à San Francisco et nous l'hébergeons deux semaines chez nous, le temps qu'elle rencontre d'autres professeurs de Stanford, des CEO, des VC, des investisseurs, des avocats, des fondateurs et des étudiants. Elle revient à nouveau en mars pour pitcher pendant une conférence pour des compagnies mondiales d'assurances et présenter son prototype.

Qu'a-t-elle de spécial ? Rien. Je travaille avec une autre startup qui a été lancée par une jeune fille de dix-huit ans. Elle a levé 15 millions de dollars et sa startup est actuellement évaluée à 150 millions de dollars.

2 : Votre équipe fondatrice

Le chapitre précédent se penchait sur les aspects plutôt agréables (oui, passer 120 heures par semaine assis devant un ordinateur, ça peut être agréable).

Parlons maintenant de la partie la plus importante de votre startup : votre équipe de fondateurs, c'est à dire le noyau dur constitué des deux à quatre personnes qui créent la startup en phase d'amorçage.

Vos co-fondateurs doivent être impliqués dans tous les domaines : la stratégie, la technologie, les opérations, le financement, la trésorerie, les aspects juridiques, etc. Certains d'entre vous pourront être davantage investis dans tel ou tel domaine, mais tous doivent aider à la gestion de la startup. Faites des groupes de discussions et prenez les décisions par consensus.

Vous, le fondateur-clé

Vous construisez l'équipe. Vous trouvez les personnes qui la constitueront, vous les interviewez, vous les embauchez ou les refusez.

Vous les aidez à rester motivés. Vous devrez faire face à des reculs et à du pessimisme.

Votre mission est de les inspirer et de les guider. Décidez si tel ou tel sujet est important ou pas. Déléguez autant que possible. De manière générale, évitez les disputes et étouffez les incendies.

Demandez à votre équipe des suggestions, des retours et des conseils, mais soyez le chef. Vous dirigez, eux suivent. Cela signifie que vous devrez prendre des décisions, aussi bien les décisions agréables que des décisions difficiles.

➜ Les fondateurs disent qu'il faut faire l'apologie de son entreprise. Cela signifie que vous devez promouvoir votre startup en allant en parler à des collectes de fonds, à des pitch events et en discutant avec toutes les personnes que vous rencontrez.

➜ Plusieurs fondateurs m'ont dit qu'ils devaient animer eux-mêmes les réunions, sinon les co-fondateurs et les autres ne faisaient qu'attendre. Encouragez votre équipe à commencer sans vous. C'est ce qui fait la différence entre le Real Madrid, la meilleure équipe de foot au monde, et l'équipe de foot de votre quartier : au Real Madrid, les joueurs s'entraînent même si l'entraîneur n'est pas là.

➜ Les fondateurs sont impliqués dans tous les aspects de la startup : la stratégie, le management de l'équipe, les ventes, les relations avec les autres entreprises, les contrats, etc. Et comme la plupart d'entre eux sont encore à la fac, ils suivent aussi leurs cours et passent leurs examens.

Les chefs problématiques

Quand il y a un problème dans une équipe, il est souvent à chercher du côté du chef.

Si le chef arrive en retard, prend souvent des vacances ou se conduit mal, ses collaborateurs vont commencer à arriver tard, à filer à l'anglaise, à jouer sur leur ordinateur ou à être difficiles. Si le fondateur manque régulièrement des réunions, les autres vont croire que ces réunions ne sont pas importantes. S'il y a trop de discussions et de débats, c'est que le chef ne dirige pas son équipe ou qu'il s'est entouré de personnes qui aiment créer des problèmes.

Certaines startups souffrent de sexisme. Les hommes harcèlent les développeuses. C'est au chef d'y mettre un terme. S'il ne le fait pas, la situation devient vite incontrôlable et les personnes finissent par partir.

→ Il y a plusieurs genre de CEO problématiques. Un CEO borné peut écouter les conseillers et les experts, mais reviendra toujours à son idée initiale et refusera d'en changer. Il y a aussi des CEO qui ne savent pas se concentrer. Ils passent d'une idée à l'autre sans jamais aller au bout de la moindre d'entre elles. Certains CEO sont perfectionnistes et ne laisseront jamais un produit sortir sur le marché sous prétexte qu'il pourrait toujours être amélioré.

Le chef doit être un exemple : soyez le premier à arriver et le dernier à partir. Si tout le monde travaille de chez soi, le chef doit rester en contact avec tout le monde et être le premier lors des conférences téléphoniques. Il doit également assister à toutes les réunions.

Les co-fondateurs

Vous devez avoir deux ou trois co-fondateurs.

Ne lancez pas une startup tout seul, il y a beaucoup trop de choses à faire.

Au moins un de vos co-fondateurs doit avoir des compétences techniques. Si dans votre équipe, personne n'a les compétences techniques adéquates, vous ne serez pas en mesure de véritablement comprendre votre secteur d'activité. Vous devrez payer quelqu'un pour s'occuper du développement technique et cela vous coûtera cher. Un MBA n'est pas une compétence technique. On apprend aux MBA à gérer des entreprises, pas à les lancer. Dans le classement Forbes des 50 plus grandes entreprises, seuls 5 CEO ont des MBA. Tous les autres sont des techniciens.

Les autres fondateurs, les investisseurs et les clients étudieront votre équipe. Si vous avez une bonne équipe, ils vous rejoindront. Choisissez vos co-fondateurs sur références, sur leur expérience et sur leur expertise. Ne proposez pas à quelqu'un de vous rejoindre juste parce que c'est un de vos amis de fac.

Passez plusieurs mois avec quelqu'un avant de lui demander d'être co-fondateur. Demandez-lui de faire quelques missions pour vous gratuitement. Regardez s'il les accomplit avec passion. Si c'est de l'argent qu'il veut, alors ne le prenez pas comme co-fondateur.

Si votre co-fondatrice est encore doctorante, qu'elle bénéficie d'une bourse ou qu'elle travaille pour une entreprise, vous devrez étudier ses contrats et ses conventions. Beaucoup d'universités et presque toutes les entreprises stipulent dans leurs contrats qu'elles détiennent tous les droits sur la propriété intellectuelle que la personne a créée. Vous devrez faire en sorte que l'université ou l'entreprise renonce à ces droits.

Cela signifie également que si l'une de vos co-fondatrices a déjà un emploi, elle ne peut pas se servir de son ordinateur personnel au travail ou de son ordinateur professionnel chez elle. Elle ne peut pas travailler sur votre startup pendant ses heures de travail. Si c'est l'entreprise qui lui fournit son forfait téléphonique, elle ne peut pas non plus s'en servir. Tout travail effectué sur du matériel appartenant à l'entreprise appartient à cette dernière.

➡ Un des fondateurs m'a dit qu'il n'avait pas de co-fondateur. Mais il en est à sa cinquième startup et il dispose d'une bonne équipe exécutive et de six conseillers. Le fait qu'il soit seul n'inquiète donc pas ses investisseurs. Si vous montez votre première startup, les investisseurs s'attendront à voir des co-fondateurs avec qui vous partagerez les tâches.

➡ Une autre façon de trouver de potentiels co-fondateurs est de faire quelques petits projets ensemble. Créez un site web pour quelqu'un, ou codez ensemble. Vous pourrez voir la façon dont ils travaillent, dont ils collaborent et dont ils partagent les informations.

Comment trouver des co-fondateurs

Vous pouvez aller sur angel.co et regarder les personnes qui veulent rejoindre des startups. Mais c'est un peu risqué. La meilleure façon de trouver des co-fondateurs est de chercher dans son réseau personnel. Parlez-en à tout le monde : vos conseillers, vos professeurs, vos camarades de classe, etc.

Les co-fondateurs problématiques

Les co-fondateurs sont un peu comme des chats. Ils sont très futés et ne font que ce qu'ils ont envie de faire, quand ils ont envie de le faire.

Assurez-vous que telle co-fondatrice soit pleinement impliquée dans votre projet avant de l'inviter à vous rejoindre Si elle commence et qu'elle vous quitte quelques mois plus tard, votre équipe risquera d'être démoralisée. Vous aurez également perdu du temps. Vos investisseurs vous demanderont pourquoi elle est partie.

Faites également attention si une co-fondatrice propose à plusieurs de ses amis de rejoindre l'équipe. Ses amis seront forcément de son côté à elle, et si elle part, ils partiront peut-être avec elle.

Il faut aussi anticiper les problèmes que vous aurez avec les co-fondateurs. Au début, tout le monde semble bien s'entendre avec tout le monde, mais parfois, de sérieuses divergences finissent par apparaître.

Vous verrez qu'il arrive aux personnes de ne pas être d'accord avec vous. Vous devez avoir prévu un arbitrage par une tierce personne neutre acceptée par tout le monde, tel qu'un conseiller senior ou un professeur.

➜ Une des principales causes d'échec pour une startup est l'incapacité à se mettre d'accord. Une fondatrice m'a raconté qu'elle avait lancé sa première entreprise avec une co-fondatrice et qu'elles avaient immédiatement partagé la boîte en 50/50 sans période de vesting (de durée d'acquisition des actions). L'entreprise a vite commencé à rapporter de l'argent. La co-fondatrice s'est aussi rendu compte qu'elle touchait la moitié de l'argent, alors au bout de trois mois, elle a arrêté de travailler. La fondatrice n'arrivait pas à la remettre au travail. Neuf mois plus tard, la fondatrice est partie. Ce n'était pas la première fois que j'entendais ce genre d'histoire.

➜ Un co-fondateur doit être impliqué à 150 %. dans la startup Soit 60 heures par semaine. Certains co-fondateurs rejoignent une startup mais quelques temps plus tard, ils ne font plus rien et vous laissent tout mener. Ils se considèrent comme de simples employés qui se contentent de faire ce qu'on leur demande et rien de plus. Certains fondateurs m'ont dit que dans leur première startup, les co-fondateurs avaient tout bonnement arrêté de travailler au bout de quelques mois. Dans plusieurs cas, les co-fondateurs n'avaient aucune compétences adéquates mais étaient pistonnés parce qu'ils étaient de la famille des investisseurs. Il était alors impossible de les renvoyer. Une co-fondatrice n'a rien fait pendant neuf mois. Lorsque la startup a décollé, l'équipe a refusé de lui en donner une partie. Elle a assigné tout le monde en justice et l'équipe a dû payer pour éviter le procès.

➜ Dans l'excitation des débuts, les personnes constituent souvent leur équipe à la va-vite et choisissent alors les mauvaises personnes. Par exemple, elles lancent des startups avec leur meilleur ami. Et quand la startup s'effondre, c'est la fin d'une amitié.

➜ Souvent, les personnes n'arrivent pas à dire à leurs

partenaires qu'ils sont stressés, qu'ils manquent d'argent, de temps ou de ressources. Un co-fondateur doit apprendre à dire ce dont il a besoin aux autres co-fondateurs et être capable de les écouter en retour. C'est essentiel pour pouvoir définir des priorités et des buts clairs, ainsi que déterminer les domaines de responsabilités et de prises de décision. L'équipe doit accepter qu'un des co-fondateurs soit le chef, et accepter d'appliquer ses décisions.

➜ L'accord entre co-fondateurs doit inclure un paragraphe sur un arbitrage extérieur et sur les modalités de la rupture.

Fondateur en série ou entrepreneur en série ?

Certaines personnes disent qu'elles veulent être fondateurs en série. Cela ressemble à un rêve de petit garçon.

Je le répète, ne prenez personne qui cherche à tout prix à gagner de l'argent.

➜ C'est également valable pour les équipes marketing et commerciales. Plusieurs des fondateurs que j'ai rencontrés m'ont dit avoir discuté avec des responsables marketing qui leur proposait de faire le marketing pour 40 %. C'est une demande ridicule, et si quelqu'un vous propose cela, c'est qu'il ne sait pas ce qu'il fait.

Les conseillers

Vous devez également avoir des conseillers.

Cherchez des conseillers qui ont lancé au moins trois startups en tant que fondateurs. Dans l'idéal, il doivent également avoir dix ans d'expérience dans votre domaine et dix ans de plus que vous.

Faites-les parler de leurs expériences, de leurs échecs et de ce qu'ils ont appris.

Ils peuvent vous permettre d'économiser beaucoup de temps et d'argent en vous montrant comment faire plus petit, moins cher et plus vite.

Toutes les grandes décisions doivent être soumises à vos conseillers. Écoutez leurs avis puis décidez.

Les conseillers doivent être neutres. Ils ne doivent avoir aucun conflit d'intérêts. Lorsqu'ils vous aiguillent vers tel ou tel vendeur, ils ne doivent en tirer aucun bénéfice.

Les conseillers peuvent vous donner accès à leur réseau pour trouver des co-fondateurs, des prestataires, des petits boulots, des avocats, du financement, des pistes et des clients.

Soyez prudents avec les conseillers issus du monde de l'entreprise. Ils vous donneront des conseils adaptés aux entreprises. C'est bien pour les entreprises, mais pas pour les startups.

Dans certaines écoles américaines, les grands de la cour de récré rackettent les petits et leur volent l'argent de la cantine. Pour résoudre cela, beaucoup d'entre elles ont mis en place un système de grand frère / grande sœur, dans lequel les élèves les plus jeunes sont confiés aux plus grands. Les grands protègent les petits des caïds dans la cour de récré et s'assurent qu'ils s'entourent des bonnes personnes.

D'une certaine façon, les conseillers sont les grands frères ou les grandes sœurs de votre startup. Il y a les méchants : des VC, les investisseurs ou les recruteurs qui vous induiront en erreur et vous demanderont beaucoup trop d'argent ou d'actions. Les conseillers vous mettront en garde contre ces personnes. Ils pourront aussi vous présenter de bons avocats et de bons investisseurs qui travailleront avec vous et vous feront payer un prix juste.

Vous pouvez avoir plusieurs types de conseillers :

- Les conseillers seniors. Un conseiller senior est très impliqué dans la stratégie générale et possède également une expertise sur plusieurs sujets. Il vous conseille sur les salaires, les investissements, la répartition des parts de capital, etc. Il vous aide à trouver de nouvelles personnes. Il peut mettre la main à la pâte, presque comme un co-fondateur.

- Les conseillers techniques. Ils sont experts dans des domaines tels que les opérations, les aspects juridiques, les finances, les investissements, le référencement, le marketing numérique ou social, les ventes, etc. Au final, vous pouvez avoir jusqu'à 5 ou 6 conseillers techniques.

- Les grands noms. Ce sont des personnes très connues que vous ajoutez comme conseillers pour le prestige, mais avec qui vous échangez rarement. Par exemple, vous pouvez avoir Bill Gates ou Mark Zuckerbeg comme conseillers.

Vous donnez des parts de capital à vos conseillers, proportionnellement à ce qu'ils font pour vous. C'est vous qui en fixez la quantité. Nous reviendrons sur ce point dans le chapitre sur les aspects juridiques.

➜ La quantité de parts de capital dépend aussi de l'avancement de la startup. Si un conseiller vous rejoint au cours des trois à six premiers mois, le travail peut être intense, il est donc normal qu'il en reçoive plus. Un conseiller qui vous rejoint au bout d'un an arrive dans une structure déjà bien établie et qui demandera moins de temps, donc vous pouvez lui en donner moins.

➜ Vos conseillers ne doivent pas être formels avec vous : ils doivent plutôt s'occuper de vous, comme un grand frère ou une grande sœur. Vous devez pouvoir souvent déjeuner ou dîner avec eux et leur parler ouvertement de tous les problèmes que vous rencontrez.

➜ Certains fondateurs font partie de familles qui sont dans les affaires depuis quatre générations. Cela leur donne accès à un impressionnant réseau d'experts en affaires qui sont enclins à partager leur expérience avec eux. Faites le tour de votre famille élargie, oncles, tantes, belle-famille, pour obtenir des conseils.

➜ Un autre co-fondateur m'a raconté que leur startup n'a qu'un petit nombre de conseillers officiels et une quinzaine de conseillers informels. Il voit souvent ces quinze conseillers autour d'un déjeuner, d'un dîner, d'un café. Ces conseillers sont à la tête d'autres entreprises qui travaillent dans le même secteur. Ils collaborent et partagent des informations sur les négociations avec les entreprises qui distribuent leurs produits. Ils parlent également de stratégies d'exit : en fusionnant certaines de leurs sociétés, ils peuvent créer une entreprise plus importante qui sera encore mieux valorisée.

➜ Un des fondateurs que j'ai rencontrés a 30 conseillers. Cela lui offre un vaste réseau de relations qui lui permettent de trouver des employés, des prestataires et des financements. Il a réussi à lever l'intégralité de ses fonds en passant uniquement par les réseaux de ses conseillers sans avoir besoin d'aller voir des VC.

Un conseil : ne mettez pas Mark Zuckerberg dans votre comité consultatif sans le lui avoir demandé.

Comment recruter des salariés

Le but des salariés est d'aider les fondateurs à faire leur travail.

Mais vous ne devriez pas avoir à recruter des salariés dans une startup en phase d'amorçage. Votre mission est de développer votre produit et de travailler avec vos clients. Et ça, c'est à vous, personnellement, de le faire.

Si vous embauchez des salariés, vous vous exposez à de nombreux problèmes. Vous devrez les former, leur donner des missions, les surveiller pour être sûr qu'ils font bien ce que vous leur demandez, les gérer lorsque ce n'est pas le cas, leur faire des retours et les licencier. Il y a aussi le planning des vacances, les congés maladies, les anniversaires, et j'en passe. Vous devrez également les payer tous les quinze jours, ce qui vous obligera à avoir une source constante de revenus.

On dit que ce n'est pas en regardant l'eau qu'on la fera bouillir. Avec les employés, c'est l'inverse. Vos employés ne travailleront pas si vous ne les surveillez pas. Ils commenceront à traîner sur internet, à papoter au téléphone et à filer par la porte de derrière.

Lorsque vous arriverez à une équipe de 20 à 30 personnes, vous devrez créer un service de ressources humaines. Oui, vous devrez embaucher d'autres salariés pour qu'ils s'occupent de vos salariés.

Un nombre trop important d'employés dans une startup en phase d'amorçage ne fait que révéler un mauvais management et un manque de concentration. Les CEO en management emploient toujours beaucoup de salariés pour se donner l'air important.

La plupart des startups en phase d'amorçage n'emploient jamais de salariés. Il n'y a que les fondateurs, des conseillers, et quelques prestataires.

➜ Un de mes amis a travaillé dans une startup lancée par un fondateur connu de la Silicon Valley qui avait levé 125 millions de dollars et employé 300 salariés. Cette startup n'a jamais été capable de sortir un business model viable. Et il a fallu deux ans pour s'en rendre compte.

Comment recruter des prestataires

Vous pouvez recruter des prestataires et les payer à la tâche (vous les payer X dollars par projet) ou au temps (vous payez X dollars pour que tel ou tel projet soit livré dans deux semaines). De cette façon, vous gardez la main sur les coûts.

Ne les payez pas à l'heure (par exemple X dollar l'heure). Les startups étant en constante évolution, un petit projet peut finir par prendre des centaines d'heures. Cela peut vous revenir à très cher.

Demandez des suggestions à vos co-fondateurs et à vos conseillers. N'embauchez pas des personnes qui vous seraient envoyées par des recruteurs ou que vous auriez trouvées sur Craiglist parce que vous n'avez aucune assurance qu'elles feront bien leur travail. Et si elles ne le font pas bien, vous aurez perdu du temps et de l'argent.

Au début, confiez à vos prestataires de petits projets, pour tester leur compétence. Regardez la façon dont ils travaillent, ce qu'ils livrent et comment ils interagissent avec l'équipe. Demandez-leur d'expliquer leur démarche de travail.

Les meilleurs prestataires de la SV travaillent uniquement sur référence et seulement avec une poignée de clients. Ils ne travailleront pas avec des clients qu'ils ne connaissent pas ou qui ne sont pas des amis d'amis. Ils ont au moins dix ans d'expérience et peuvent faire en quelques heures ce que d'autres auraient fait en deux ou trois semaines.

Les stagiaires

Pas de stagiaires. Les startups en phase d'amorçage n'ont le temps ni de former ni de gérer des stagiaires.

Les amis et la famille

Une startup ne se résume pas à ses fondateurs. Il y a aussi un large cercle autour de votre embryon de startup : vos amis, votre famille, vos conjoints, etc. Cela inclut également toutes les personnes que vous rencontrez : vos camarades de classe, les potentiels investisseurs, les potentiels clients, etc.

➜ Plusieurs fondateurs utilisent un tableur pour garder une trace de leurs contacts. Ils y mettent leur nom, leur mail, leur numéro de téléphone, ce qu'ils font, comment ils les ont rencontrés, etc. Ils classent leurs relations en trois couleurs, vert, jaune ou rouge (bonnes, moyennes ou mauvaises).

Envoyez une newsletter tous les mois et dites-leur ce qui se passe en ce moment dans votre startup. Invitez-les à des événements, à des soirées de lancement, à des soirées conférences, etc. Ils parleront de votre projet autour d'eux.

C'est comme ça qu'a été lancé Twitter. Au début, les développeurs n'utilisaient cet outil que pour leur communication interne, mais leurs petites amies ont commencé à s'en servir pour se parler des soirées ou des boîtes de nuit de San Francisco.

Des chiens, des chats, des oiseaux et une pieuvre

Un autre point sur les visioconférences dans la Silicon Valley : il est très courant d'y voir des animaux. J'ai vu des chiens, des chats, des hamsters et des furets. Un fondateur faisait même ses visioconférences avec un ou deux oiseaux perchés sur son épaule.

Une fois, j'ai travaillé avec une startup qui avait une pieuvre. Les pieuvres peuvent changer de couleur et se fondre dans le décor. La réceptionniste avait remarqué que si la personne qui entrait était quelqu'un de bien, la pieuvre nageait vers le devant de l'aquarium, mais si la personne n'était pas digne de confiance, la pieuvre disparaissait. La startup a fini par intégrer cette pieuvre dans son processus de recrutement.

La communication internet

Les startups évoluent tellement vite qu'elles peuvent changer de direction plusieurs fois en une semaine. Cela signifie que tout le monde doit constamment rester en contact.

Dans les startups en phase d'amorçage, l'équipe communique plusieurs fois par jour.

Envoyez à l'équipe élargie une newsletter interne toutes les semaines. Résumez-y votre actualité et les prochaines étapes à venir. Vous pouvez l'envoyer par mail ou par Slack.

Parlez de tout en équipe : des fondateurs potentiels, des nouveaux investisseurs, des clients, etc. Quelqu'un connaîtra peut-être la bonne personne ou la bonne entreprise à contacter.

➜ Les fondateurs s'accordent à dire que lorsque la startup est encore petite, tout se fait en groupe. Tous savent tout sur tout. Tout est fait en groupe de discussion.

➜ Certains fondateurs ont découvert que parmi leurs co-fondateurs s'en trouvaient certains qui ne comprenaient pas vraiment l'idée de la startup. Rencontrez tout le monde en tête-à-tête et demandez à chacun d'expliquer le projet. Recommencez ceci jusqu'à ce que tout le monde comprenne parfaitement ce que vous faites.

Si vous avez besoin de faire un organigramme, alors ce n'est plus une startup.

Un autre point sur la communication : vous devez vous assurer que tout le monde comprenne bien ce qui est en train de se dire. A l'université, on apprend à parler et à écrire dans une langue académique, qui est peu compréhensible pour un certain nombre de personnes. Souvent, après des réunions où des directeurs avaient fait une présentation, je demandais aux membres de l'équipe qui n'étaient pas américains ce qu'ils avaient compris : ils me répondaient qu'ils ne savaient pas vraiment de quoi il avait été question. Employez de préférence un style courant et accessible.

Faites autre chose

Ayez d'autres activités que votre travail. C'est une bonne façon de conserver votre esprit de startup. Dans plusieurs startups, nous avons fait de la randonnée, du canoë, du rafting en eaux vives, du cheval sur la plage, nous sommes allés dans des parcs d'attraction, nous avons joué au cricket, nous sommes allés au cinéma et à Hawaï.

Et après le dîner, autour du feu de camp, voyez s'ils ont envie de parler d'objectifs, de direction, de problèmes et d'idées. Ou pas.

Les mauvais profils de co-fondateurs

Voici des personnes qui ne doivent pas faire partie de votre startup :

Les étudiants. Ils sont déjà très occupés par leurs cours et leurs examens. Une fois diplômés, ils chercheront du travail. Leurs parents insisteront pour qu'ils aient un emploi salarié.

- D'anciens employés de grandes sociétés, du gouvernement, de l'armée. N'embauchez personne qui ait passé plus de trois ans dans de grandes organisations. Ce peuvent être d'incroyables personnes, mais elles ne sont pas adaptées à des startups. Elles sont habituées à travailler dans des environnements structurés et pas dans l'éternel chaos d'une startup. Elles voudront tout organiser. Vous n'avez pas besoin d'organisation. Ce dont vous avez besoin, c'est de développer un produit avec vos clients.

- Des MBA. Ils essaieront d'appliquer à votre startup les méthodes de management d'une grande entreprise. Vous n'en avez pas besoin.

- Les conjoints, les frères et sœurs, les meilleurs amis. Il est très difficile de les gérer ou de les licencier. Tous les autres se sentirons exclus. Cela peut parfois marcher, mais c'est rare.

Cherchez plutôt des personnes ayant une expérience dans les startups.

Les problèmes de visa pour les étrangers

Si vous n'êtes pas citoyen américain, vous pouvez avoir un visa B1/B2 valable pour 3 ou 6 mois. Cela dépend de votre pays d'origine, rapprochez-vous de l'ambassade américaine de votre pays.

Comment gagner de l'argent en montant sa startup

Pendant que vous monterez votre startup, vous aurez encore besoin de payer le loyer et d'acheter de quoi vous nourrir. Il y a plusieurs façons d'y parvenir.

Dites à vos conseillers et à vos professeurs que certains membres de votre équipe ont besoin d'argent. Ils pourront souvent vous mettre en contact avec des entreprises qui ont besoin de prestataires pour de courts projets.

Il est souvent possible de trouver un petit boulot qui ne sera pas trop exigeant. Si vous travaillez à temps partiel (trois jours par semaine, ou juste le matin), vous aurez du temps libre pour travailler sur votre startup. Attention si vous travaillez sur votre startup pendant vos heures de travail : l'entreprise peut avoir des droits sur votre startup.

➜ Plusieurs fondateurs m'ont confié avoir travaillé sur leur startup pendant leurs heures de travail. C'est beaucoup plus fréquent que ce que l'on pourrait penser. Je connais des personnes qui ont réalisé des projets entiers au travail. Certains de leurs collègues, et parfois même le manager, étaient au courant de cela. Dans une certaine grande entreprise, presque tous les membres de l'équipe ingénierie étaient en train de monter leurs startups. Les managers le savaient, mais c'était la seule façon de les garder au sein de l'équipe.

Due diligence

Vous devez faire une *due diligence* (sorte d'enquête de personnalité exhastive) sur toutes les personnes importantes de votre startup. Les due diligence permettent de savoir qui sont réellement ces personnes. Les faux CV sont très répandus, parce que les personnes sont prêtes à tout pour obtenir du travail. Vous devez vérifier toutes les informations concernant les fondateurs, les conseillers, les fournisseurs et autres.

Si quelqu'un vous dit qu'il est diplômé du MIT en informatique, vous devez vous assurer qu'il est vraiment allé au MIT, qu'il a fait de l'informatique et qu'il a été diplômé.

Je reviendrai sur les due diligences dans le chapitre sur le financement.

Licencier des personnes

Une startup ne peut pas se permettre d'avoir dans son équipe des personnes qui n'œuvrent pas dans le bon sens.

- Renvoyez les personnes négatives. Elles critiquent le projet, le chef, l'équipe. Ce sont des perturbateurs et c'est le moral de toute l'équipe qui en pâtit.

- Renvoyez les personnes qui ne sont pas nécessaires. Elles coûtent du temps et de l'argent. Vous devez faire en sorte que vos coûts soient le plus faible possible.

- Renvoyez les personnes qui ne travaillent pas à 100 %. Vous avez besoin de personnes capables d'en faire toujours plus.

- Renvoyez les fainéants. Ils peuvent aller travailler pour vos concurrents s'ils veulent.

On fait souvent l'erreur de croire que ces personnes pourront s'améliorer. Mais quand elles se rendent compte qu'elles peuvent agir de la sorte sans représailles derrière, cela devient pire. Il faudra vous séparer d'elles sans attendre.

➜ Presque tous les fondateurs s'accordent à dire qu'il a été difficile de licencier des personnes. Il est facile de renvoyer des fainéants, mais il est plus difficile de licencier des personnes qui travaillent bien, juste parce que vous n'avez plus de quoi les payer. Quand quelqu'un est renvoyé, c'est toute l'équipe qui en souffre. Son travail doit être réparti entre les autres. Ceux qui restent se demandent si eux aussi seront renvoyés et certains commencent même à chercher du travail dans d'autres startups.

Les fondateurs de startups

Voici quelques autres startups par leurs fondateurs :

- Maruf Yusupov, co-fondateur. Cloudy aide les entreprises à envoyer des emails avec des taux d'ouverture élevés à bas prix. A la recherche d'investisseurs. Consultez cloudy.email.

- Sara Green Brodersen, fondatrice et CEO. Notre ambition est d'instaurer un climat de confiance dans l'économie de partage en permettant à ses utilisateurs de gérer leur réputation en ligne sur les plate-formes, tout en aidant ces plate-formes à accroître leur activité. Basée à Copenhague, au Danemark. A la recherche de financement. Consultez Deemly.co et Deemly.co/business.

En résumé : c'est l'équipe qui compte

Tout repose sur votre équipe. Une équipe de paresseux avec une idée de génie est vouée à l'échec. Une équipe soudée et travailleuse peut réussir avec n'importe quelle idée.

➜ Un VC disait que ce que regardaient les investisseurs pouvait se compter sur les doigts de la main : l'équipe, l'équipe, l'équipe, l'équipe et l'idée.

Cela répond à une question courante sur les idées. Beaucoup disent que si vous parlez ouvertement de votre idée, quelqu'un pourrait vous la voler. Mais pour que quelqu'un reprenne votre idée, il faudrait qu'il y croit vraiment fort et qu'il monte une équipe pour la mettre en œuvre. C'est très difficile à faire. Les idées, ça ne coûte pas cher. C'est l'équipe qui fait tout.

3: Montez votre entreprise

Après avoir vu comment bâtir votre équipe, voyons à présent comment monter la structure de votre startup.

Ne vous laissez pas impressionner par ce chapitre. Concentrez-vous sur votre équipe et sur votre produit, et non sur ce qui concerne votre entreprise.

Travailler de chez soi ou dans un bureau ?

Depuis quelques années, il est devenu normal de monter sa startup depuis chez soi. Payer la location de bureaux est inutile. Et votre startup étant constituée de quelques-uns de vos bons amis, vous pouvez travailler depuis chez vous.

Cela permet également d'avoir aussi peu de dépenses mensuelles que possible. Pendant plusieurs années, Google s'est développé dans un garage. Facebook était dans une maison à quelques rues de chez moi. La plupart des startups que j'ai interviewées sont dans des maisons ou des appartements.

Si vous travaillez de chez vous, alors votre startup sera numérique, ce qui veut dire que vous devez avoir un site web, un email et des outils numériques tel que Google Suite. Votre équipe pourra travailler de n'importe où dans le monde et vous échangerez tous en ligne.

Vous pouvez aussi avoir une présence à Palo Alto. Les investisseurs et les clients vous prendront plus au sérieux si vous êtes implantés dans la Silicon Valley. Si votre équipe de développement est en Finlande, votre équipe fondatrice peut prévoir de se rendre dans la Silicon Valley tous les deux mois.

Vous pouvez aussi avoir une adresse à Palo Alto. Allez voir sur Playce.io.

Accélérateurs, incubateurs et espaces de co-working

Quelles sont les différences entre les accélérateurs, les incubateurs et les espaces de co-working ?

- Les accélérateurs : Ils vous aident à transformer votre idée une startup viable en deux à trois mois. Les accélérateurs se rémunèrent en fonds propres (elles reçoivent des parts de capital de votre entreprise, entre 5 et 7 %) et vous donnent de l'argent. Leurs formations se clôturent par un pitch event.

- Les incubateurs : Ils vous aident à développer votre startup sur une période d'un à deux ans. En général, ils ne vous donnent pas d'argent. Ils vous facturent leurs services, par exemple 1 000 dollars par fondateur et par mois. Certains peuvent prendre des parts de capital.

- Les espaces de co-working : Ils vous offrent un espace de travail équipé de bureaux, de chaises, de WIFI, d'imprimantes, de photocopieuses, et de salles de réunion. Ils ont également souvent des machines à café, des cuisines, des flippers, des billards et des douches. J'en connaissais un à Palo Alto où il y avait de la bière pression. Vous payez entre 100 et 500 dollars par poste de travail par mois.

Ces trois services ont des infrastructures de bureaux tels que des réceptionnistes, des salles de conférence, des tableaux blancs, des salles de réunions, des photocopieuses, des imprimantes, des machines à café et des espaces cuisine.

Ils proposent tous des mentors et des conseillers qui disposent de vastes réseaux. Ils ont également des forums de chats privés réservés aux personnes ayant suivi ces formations.

Ces formations s'achèvent par un Demo Day (le jour de la démonstration), où vous pitchez pour un public majoritairement composé d'investisseurs. Beaucoup de sociétés de capital-risque y envoient des éclaireurs pour trouver des startups. C'est une bonne occasion de trouver des financements.

Voici le nom de quelques accélérateurs : Y-Combinator, Founders Space, IgniteXL, RocketSpace (San Francisco), TechStars, AngelPad (San Francisco), The Alchemist (Santa Clara), Impact Hub, Plug and Play, et Galvanize.

- Y-Combinator (YC) propose des sessions de trois mois (janvier - février - mars et juin - juillet - août). Chaque session consiste en une journée par semaine pendant trois mois à Mountain View, dans la Silicon Valley. Plus de 13 000 startups postulent à chaque session mais seules 240 (1,8 %) sont acceptées (il est plus facile d'entrer à Stanford). Ils investissent 120 000 dollars dans votre startup en échange de 7 % et vous facturent 25 000 dollars la session. Ils sont spécialisés dans les startups pour le web et la téléphonie mobile mais en acceptent d'autres également. 1 300 startups ont bénéficié de leur formation. Le jour du Demo Day, il y a 600 investisseurs dans la salle et 2 500 autres en ligne. Pour en savoir plus sur YC, allez sur goo.gl/n6juKf.

- Founders Space (FS) propose des sessions intensives de deux semaines (9 h - 17 h du lundi au vendredi) à San Francisco, qui se clôturent avec un Demo Day. Vous avez accès à leurs conseillers, à leurs mentors et aux autres fondateurs pendant un an via leur groupe d'anciens sur FB. Ils prennent 3,5 % de fonds propres et ils investissent dans certaines startups. Les startups payent des frais d'inscription. Mais si elles donnent plus, FS prend moins de fonds propres. Le pourcentage de fonds propres ainsi que le financement dépendent de chaque startup et sont négociables. Forbes l'a placé en tête du classement pour les startups étrangères, ce qui explique sûrement que 60 % de leurs fondateurs soient étrangers. Les gouvernements prennent souvent en charge les frais d'inscription. Allez voir sur FoundersSpace.com

- 500Startups propose une formation sur 4 mois. Ils investissent 150 000 dollars dans votre startup pour 6 % et prennent 3 500 dollars de frais d'inscription. A la fin de 2016, 500Startups a annoncé qu'ils ne se considéraient plus comme un accélérateur. Ils se concentrent à présent sur les startups en phase d'amorçage.

Comparons ces accélérateurs. Le but de YC et de 500Startups est de créer des opportunités d'investissements pour les financements américains. Cela signifie que le management de ces startups doit être basé aux USA et qu'elles doivent y être immatriculées. A l'inverse, FS apprend aux équipes à monter des startups, donc ne voit pas d'inconvénient à ce qu'elles soient basées dans d'autres pays.

YC et FS ont tous les deux accueillis plus de 1 300 startups chacun. Si le taux d'admission à YC (1,8%) et à FoundersSpace (5 %) est faible, c'est parce que beaucoup de candidatures n'ont pas le niveau, alors si vous avez un bon projet, vous avez de bonnes chances d'être accepté.

Il doit y avoir environ 500 accélérateurs partout dans le monde et plus de 150 incubateurs et accélérateurs implantés dans la Silicon Valley.

Pour trouver des accélérateurs et des incubateurs, renseignez-vous auprès de la National Business Incubator Association (NBIA.org) et du Global Accelerator Network (GAN.co). Vous trouverez via la NBIA une liste des associations locales dans le monde entier (allez voir sur goo.gl/DB1WZM). Allez également sur Angel.co et Seed-DB.com.

Il existe des accélérateurs et des incubateurs réservés à certains secteurs d'activité, telles que les fintech (les technologies financières), la médecine, l'agriculture, la banque, les hôtels, la musique, les compagnie aériennes, l'IoT, la téléphonie mobile, les voitures, les assurances, l'alimentaire, l'immobilier, etc. Il y a également des accélérateurs à but non lucratif pour la santé, l'éducation et les minorités. On trouve des accélérateurs en Europe, en Amérique Latine, en Asie, en Afrique et au Moyen-Orient.

➜ Si votre but est de vendre votre produit / service (ou votre startup) à un certain secteur d'activités (par exemple, à des compagnies aériennes), alors visez les accélérateurs spécialisés dans ce secteur. En rejoignant un accélérateur pour compagnies aériennes, vous acquérez de l'expérience, du réseau et de la visibilité auprès des professionnels de l'industrie aérienne. Préférez ces accélérateurs spécialisés aux accélérateurs généralistes.

Les accélérateurs ont eu une grande influence sur le secteur du capital-risque dans la Silicon Valley. Entre 1995 et 2005, le capital-risque était aux mains d'un petit nombre de VC. Mais plus les fonds d'investissements des VC ont augmenté, plus ils devaient être rentables. Ils se sont alors mis à viser le haut du panier et à ne s'intéresser qu'aux startups très prometteuses.

En 2005, YC a été le premier accélérateur à voir le jour. Au début, les VC affirmaient que cela ne marcherait pas, arguant que les startups voulaient être financées par les principaux VC. Y-Combinator s'est alors focalisé sur les startups en phase d'amorçage en leur proposant à la fois de petits investissements (autour de 100 000 de dollars) et un accompagnement important. En soutenant les startups en phase d'amorçage, YC a su capter les jeunes startups qui plus tard passeraient en phase de lancement puis en phase avancée. YC s'est donc retrouvé en position avantageuse par rapport aux VC. Si les VC veulent investir, ils doivent jouer le jeu de YC. Si les VC étaient difficiles (s'ils faisaient des procès contre les fondateurs, s'ils imposaient des conditions difficiles ou se montraient abusifs, YC les tenait à l'écart des startups.

Pour attirer les startups, les VC ont dû mettre en place un

certain nombre de services : mentorat, conseils, stratégie financière, aide à la gestion des employés, etc. Ils investissent maintenant dans les accélérateurs et les incubateurs, dans l'espoir que les startups en phase avancée viennent ensuite à eux.

En 2015, on comptait 170 accélérateurs. Le modèle de l'accélérateur est en pleine évolution. 500Startups, FoundersSpace, Y-Combinator et d'autres aimeraient s'internationaliser. Ils montent des réseaux mondiaux de fondateurs, d'investisseurs, et autres.

➜ J'ai rencontré un certain nombre de fondateurs passés par YC ou FS. Ils disent que la valeur ajoutée de ces accélérateurs est les liens avec les experts, les investisseurs, les talents et les clients. Ces formations sont très bénéfiques pour les fondateurs novices. Trouvez des fondateurs qui viennent de sortir de ces formations et parlez avec eux. Discutez également avec les directeurs et les conseillers des accélérateurs pour qu'ils vous présentent des personnes.

➜ Une fondatrice m'a dit que le fait d'être dans des accélérateurs et des incubateurs lui avait permis d'échanger avec d'autres équipes et de penser plus grand, de réfléchir à ce qu'elle voulait vraiment et de clarifier sa vision. Un autre fondateur m'a dit que son expérience au sein d'un accélérateur de la Silicon Valley avait tout changé pour son projet. Immergé dans l'environnement de la SV, il était entouré d'autres fondateurs, de conseillers et d'autres startups, qui lui ont permis d'entrer en relation avec des investisseurs. Ils lui ont montré comment négocier avec les investisseurs et comment lever des fonds.

➜ Le revers de la médaille, c'est que les accélérateurs et les incubateurs donnent parfois trop d'informations et multiplient à l'excès les soirées, les événements, ce qui peut avoir pour effet de vous faire perdre de vue votre projet.

➜ Plusieurs fondateurs m'ont dit qu'il fallait être très proactif pour obtenir de ces formations des informations et des relations. Il ne tient qu'à vous de demander, d'apprendre et de vous faire un réseau.

➜ Plusieurs fondateurs fréquentent des espaces de co-working parce que leurs appartements sont trop petits pour pouvoir y travailler. L'un d'eux m'a dit que comme tous les co-workings se ressemblaient, ils avaient prospecté autour d'eux pour trouver le moins cher. Les co-workings organisent souvent des événements. Si vous n'êtes pas membre, vous pouvez y assister pour 10 dollars.

Être accepté dans un accélérateur ou dans un incubateur est une sorte de validation qui peut aider à mettre le pied à l'étrier. Mais si vous êtes refusé par un accélérateur ou un incubateur, cela ne veut pas forcément dire que votre idée est mauvaise. Ils ont souvent tendance à surfer sur la vague des tendances. Ils préfèrent les applications et les solutions au développement rapide. Si vous êtes en train de monter une plate-forme d'infrastructure dont le développement vous prendra entre deux et trois ans, les accélérateurs et les incubateurs ne sont pas faits pour vous.

Les accélérateurs et les incubateurs implantés ailleurs que dans la Silicon Valley ont généralement moins d'expérience et de réseau. Regardez ceux qui sont à côté de chez vous et demandez-vous s'il ne serait pas préférable de venir dans la Silicon Valley.

N'intégrez pas un accélérateur juste pour la forme. Choisissez votre accélérateur en fonction de sa ville et de son secteur d'activité. Si vous voulez travailler avec le gouvernement américain, alors rejoignez un accélérateur à Washington.

Mais n'allez pas là-bas si vous montez une startup façon Silicon Valley.

Ma suggestion ? Cherchez une structure proposant de bons conseillers et de bons liens avec le marché. Trouvez celle qui sera la plus adaptée à votre projet.

➜ Un fondateur m'a dit que son équipe avait postulé à de nombreux incubateurs et accélérateurs et qu'ils avaient été refusés partout. L'équipe s'est rendu compte plus tard que c'était le signe que leur idée n'allait pas fonctionner.

Les universités de la Silicon Valley

Vous pouvez aussi aller à la Stanford University, à l'University of California à Berkeley ou dans une autre des écoles de la Silicon Valley.

Tous les étés, Stanford organise la Silicon Valley Innovation Academy (SVIA), un cours de huit semaines pour startups à 8 000 dollars donné par les professeurs de Stanford. Cette académie réunit une centaine d'étudiants du monde entier. Vous êtes logés dans les résidences universitaires avec les étudiants de Stanford. Cela vous permet de rencontrer des professeurs, des étudiants, et les groupes d'étudiants pour startups. Grâce à eux, vous pouvez entrer en contact avec des associations de business angels pour les étudiants de Stanford.

L'UC Berkeley propose le Berkeley Method of Entrepreneurship Bootcamp (BMoE), un atelier intensif d'une semaine. Comme à Stanford, vous pouvez y rencontrer un large panel d'experts de la SV.

Ces universités ont également créé des accélérateurs, comme la Citris Foundry à l'UC Berkeley Engineering. Cet accélérateur accueille des startups actives dans le domaine de l'ingénierie et de la biotech. Il offre de petites bourses (de 5 000 à 10 000 dollars) et prend 2 % de fonds propres. Cela vous permet d'entrer dans le réseau de professeurs, d'étudiants, de jeunes diplômés et d'anciens élèves de l'UC Berkeley. Au moins un membre de votre équipe doit être à l'UC Berkeley. La Citris Foundry est en train de monter Blue Bear Ventures, son propre fonds d'investissement.

Stanford a sa StartX, un accélérateur réservé aux étudiants de Stanford. Celui-ci dispose également de son propre fonds d'investissement. Au moins un membre de votre équipe doit être à Stanford.

Il existe également des accélérateurs au MIT, à Harvard, etc. Renseignez-vous auprès de votre fac, de votre école d'ingénieur ou d'informatique.

Pourquoi s'implanter dans la Silicon Valley?

➜ Voici ce que disait un des fondateurs au sujet de la Silicon Valley : Pourquoi les alpinistes escaladent-ils l'Everest ? Si l'on veut escalader des montagnes, on peut grimper sur les collines qui entourent la Silicon Valley. Mais si l'on veut faire partie des meilleurs alpinistes du monde, on escalade l'Everest.

Idem avec Hollywood. Si vous voulez faire du cinéma, vous pouvez jouer dans des films à Berlin. Mais si vous voulez devenir une superstar, allez à Hollywood.

La Silicon Valley fonctionne sur le même principe. Si vous voulez être le meilleur en informatique et en web, alors venez dans la Silicon Valley.

C'est pour cette raison que Mark Zuckerberg a quitté Harvard pour Palo Alto. Si votre affaire est sérieuse, entrez dans la cour des grands. Et mettez en ouvre tous les moyens pour y parvenir.

Et si vous n'êtes pas dans la Silicon Valley?

Vous n'êtes pas obligé d'habiter dans la Silicon Valley. Vous pouvez laisser les vingt membres de votre équipe de développement en France. Vos trois co-fondateurs peuvent venir dans la SV pour des réunions plusieurs fois par an. Et pour les autres réunions entre votre pays et la Silicon Valley, il y a Skype.

Si possible, prenez une adresse à Palo Alto. Votre startup aura bien meilleure allure si elle est implantée à Palo Alto. Allez sur Playce.io.

Si vous êtes dans une autre ville ou dans un autre pays, le problème le plus important que vous rencontrerez est le manque d'expérience des acteurs de votre région dans le domaine des startups.

La plupart des avocats s'occuperont de la partie légale comme si vous vouliez monter une grosse entreprise, ce qui veut dire que vous paierez beaucoup de frais juridiques pour des actes qui n'auront aucune utilité. Ils ne maîtrisent pas bien non plus les sujets juridiques spécifiques aux startups.

Les comptables et les conseillers en gestion de patrimoine bâtiront également la structure financière d'une grande entreprise. Vous payerez pour ce dont vous n'aurez pas besoin.

Ni les avocats ni les conseillers ne comprendront comment vendre votre startup.

Dans la plupart des pays, les personnes ont peu d'ambition pour leur vie et leur travail. Elles n'imaginent pas pouvoir monter une entreprise, et encore moins en début de carrière. On vous dira de ne pas viser si haut.

Elles ne voient pas non plus pourquoi quelqu'un aurait envie de travailler entre 60 et 80 heures par semaine. Elles trouveront cela irrationnel. Elles se contentent de leurs 40 heures de travail par semaine et de leurs six semaines de congés payés par an.

Votre famille et vos amis vous donneront sans cesse de bons conseils qui seront faux la plupart du temps. Je suis originaire de Colombie. J'ai habité en Allemagne et au Danemark pendant 15 ans, je sais ce que c'est. La plupart de votre entourage vous conseillera de finir votre cursus universitaire avant de travailler dans une grande entreprise ou pour le gouvernement et d'y rester jusqu'à la fin de vos jours.

Tous vos proches (amis, famille, etc) insisteront pour que vous fassiez "quelque chose de raisonnable". Votre maman voudra que vous finissiez vos études ou que vous gardiez votre emploi. Dans votre ville, vos amis et votre famille vous diront "Tu ne peux pas faire ça", "C'est impossible", "Tu es trop jeune pour faire ça", "Ce n'est pas comme ça qu'il faut faire", "Attends d'avoir 10 ans d'expérience dans une grosse entreprise", "Pense à ta carrière" et "Pense à ta famille".

Cela signifie que vous devrez nager à contre-courant.

Les personnes de la Silicon Valley ont beau ne pas avoir leur sagesse, cela ne les empêche pas de créer des entreprises qui changent le monde.

➜ Beaucoup (si ce n'est tous) les fondateurs m'ont dit qu'après avoir passé quelques semaines dans la Silicon Valley, aucun n'a eu envie d'en repartir. Ils avaient enfin l'impression d'avoir trouvé un endroit où ils étaient compris. Ils appréciaient l'entraide qui régnait entre les personnes de la SV.

➜ Quelques-uns des fondateurs aimeraient déménager aux USA parce qu'ils trouvent qu'il est difficile d'innover dans leur pays. Ils disent que leur culture des affaires manque d'expérience et de connaissances. Si vous créez quelque chose de bien, les grandes entreprises le copient. Les personnes veulent tous travailler dans les grandes entreprises, ce qui rend difficile le recrutement de bons professionnels dans les startups. Il est également plus facile d'avoir des bourses ou des subventions gouvernementales, ce qui fait que les startups ne sautent jamais vraiment le pas et vont de bourse en bourse.

➜ Si vous montez quelque chose qui ne servira que dans votre pays, je vous conseille d'y rester, parce que vous aurez une meilleure connaissance de votre marché. Mais si votre startup s'adresse au marché mondial, il faut venir dans la Silicon Valley pour apprendre à monter une startup adaptée à ce marché-ci. Comme je le disais plus haut, 74 % des personnes qui habitent dans la Silicon Valley viennent de l'étranger. La Silicon Valley est le seul endroit au monde dans lequel vous trouverez les personnes qui auront aussi bien le talent que les compétences pour monter une entreprise internationale.

➜ Les startups africaines rencontrent des problèmes d'un autre genre. Dans certains pays, il n'existe pas de service de poste fiable, et les entreprises doivent donc créer leur propre service de livraison. Il y a un manque général d'expertise, d'expérience et d'investissement en capital. En outre, les personnes originaires de ces régions comprennent ce qui marche ou pas et sont donc capables de développer des solutions. Il est presque impossible pour des entreprises étrangères d'entrer sur ces marchés. Vous ne pouvez pas simplement importer une idée : elle doit être adaptée aux conditions locales.

➜ Si votre startup a été immatriculée ailleurs qu'aux États-Unis, cela peut poser des problèmes de taxes pour les investisseurs et les VC implantés aux États-Unis. Les investisseurs ne veulent pas avoir à gérer le temps supplémentaire passé sur la fiscalité des startups étrangères, alors il deviendra difficile (voire impossible) de trouver des fonds américains pour une entreprise qui n'est pas américaine.

Quand immatriculer sa société ?

La création de société, les comptes en banque professionnels, les avocats, les comptables et les investisseurs ne sont pas traités dans ce chapitre. Vous ne devriez pas avoir à vous inquiéter de tout cela avant d'être plus avancé dans votre projet. Quand vous serez sûr que votre idée peut devenir un business, alors vous pourrez passer à cette étape.

Pour l'instant, ce dont vous avez besoin, c'est être présent sur internet.

La présence numérique de votre startup

Vous devez être présent sur le web pour que l'on puisse vous trouver et vous contacter. C'est ce que l'on appelle la présence numérique. Vous devez juste en faire assez pour apparaître, inutile d'y consacrer trop de temps.

Mais la présence numérique se bâtit d'un seul bloc. Vous devez créer le site web, le formulaire d'inscription, les profils sociaux, les liens qui renvoient aux profils sociaux, Google Adwords, l'analytique, le suivi de conversion et plus encore, en même temps.

Si c'est la première fois que vous faites cela, cela vous prendra beaucoup de temps. Si vous l'avez déjà fait plusieurs fois, vous pouvez le faire rapidement. Mon conseil : embauchez un prestataire.

Votre nom de domaine

Vous devez enregistrer un nom de domaine. Evitez d'utiliser GoDaddy ou n'importe quel autre registre de noms de domaine pour trouver un nom. Ils vous mentiront.

Si vous consultez un registre, vous trouvez un nom de domaine qui vous convient à 10 dollars, vous annoncez à votre équipe que vous avez trouvé le nom, et lorsque vous revenez sur le registre pour l'acheter, son prix sera passé à 1 000 dollars. Comme les registres savent que vous avez déjà cherché ce nom, ils l'enregistrent, mais eux n'ont pas à payer 10 dollars par mois. Et quand vous consultez à nouveau le site, ils vous le proposent pour 1 000 dollars.

Pour enregistrer votre nom de domaine :

Pensez à un nom, comme 12345.com (ou ce que vous voulez)

Allez sur Google et tapez 12345.com dans la barre de recherche.

- Si le nom de domaine a été enregistré, un site web apparaît, ou une page s'ouvre qui vous propose de vous le vendre.

- Si Google dit : "Ce site est inaccessible, impossible de trouver le serveur DNS de 12345.com", alors ce nom de domaine n'a pas été enregistré.

- Allez sur un registre de noms de domaine (GoDaddy ou autre) et enregistrez-le immédiatement.

Les personnes ont enregistré 165 millions de noms de domaine, ce qui rend difficile de trouver un bon nom en point.com. Mais il existe plus de 1 300 extensions, telles que .co, .ly, .app, .site, .tech, .tools etc. Vous en trouverez une liste sur goo.gl/Sv8pmp.

Votre logo

Vous avez un nom d'entreprise, un nom de domaine, il vous faut aussi un logo.

Je vous conseille d'avoir deux logos : un temporaire, pour votre startup en phase d'amorçage, et un deuxième, plus travaillé, pour votre startup en phase de lancement.

Comme votre startup en phase d'amorçage n'en est encore qu'au stade expérimental et qu'il est possible qu'elle ne marche pas ou qu'elle pivote plusieurs fois, évitez de dépenser de l'argent pour un logo. Vous pouvez vous contenter pour l'instant d'un logo temporaire. Prenez un emoticon ou une image gif. Ne payez pas 300 dollars. Beaucoup de personnes pourront vous faire des logos pour moins de 50 dollars. Cherchez "créer un logo". L'oiseau du logo de Twitter ? Il coûtait 15 dollars.

Quand vous prenez un logo, assurez-vous que les conditions générales de vente vous donnent tous les droits sur tous les supports dans tous les pays pour toujours.

Une fois votre startup arrivée en phase de lancement et disposant de financements, trouvez un graphiste professionnel qui saura faire un logo dans tous les formats, pour votre site web, votre newsletter, vos pages de médias sociaux, vos présentations Powerpoint, vos documents officiels, vos cartes de visite, t-shirts, autocollants et tasses à café. Si vous créez une application, votre logo doit aussi fonctionner dans l'App Store. Vous utiliserez également votre logo sur de grands posters et sur des banderoles de 20 mètres de longs pendant des événements ou des salons professionnels. Etudiez le book de votre graphiste pour voir si cela fait partie de ses compétences.

Les pages web

Vous n'avez pas besoin de grand-chose, simplement de quelques pages pour que les personnes puissent vous trouver et voir ce que vous faites.

- Le site web : il est aujourd'hui très facile de faire un site web. Utilisez Worpress, Wix, SquareSpace ou autre. Pas d'HTML et pas de code. Il y a des milliers de templates gratuits. Et si vous utilisez leur URL, c'est gratuit.

- Si vous voyez un site web que vous aimez bien, il s'agira probablement d'un Wordpress, vous pouvez alors vous servir de WhatWPThemeIsThat.com pour retrouver le thème qui a été utilisé.

- Vous avez seulement besoin de trois pages : Le produit, l'équipe, et une page contact. Vous pouvez même mettre ces trois informations sur une seule et longue page. Ajoutez un lien email et vous aurez fini. Vous pouvez faire cela en quelques heures.

- Vous pouvez utiliser des photos de banques d'images pour votre site. Allez sur goo.gl/qZUj5Q.

- Une autre source de photos : allez sur Google et cliquez sur

Images / Outils / Droits d'usage / Réutilisation autorisée. Vous accéderez à des photos que vous pouvez utiliser.

- Pour information, il ne faut qu'une vingtaine de minutes pour créer une site Wordpress. Ne déboursez pas des milliers de dollars pour cela.

- Si vous avez déjà un site web, vous pouvez simplement ajouter une page. Par exemple, je me suis servi de mon site, andreas.com, auquel j'ai ajouté pour ce livre andreas.com/startup/.

- Vous pouvez également mettre votre storyboard sur votre page en dessin animé. C'est une excellente façon d'expliquer ce que vous faites.

Les profils sociaux

Créez une page pour votre startup sur Facebook, LinkedIn and Twitter. Si c'est pertinent, faites-le aussi sur Pinterest et Instagram. Créez également des profils pour votre startup sur CrunchBase.com et Angel.co. Ce sont les LinkedIn des startups et de la Silicon Valley. Vous pouvez y chercher des personnes, des startups, des investisseurs etc.

Sur toutes vos pages (internet, Facebook, etc), utilisez le même logo et diffusez le même message. Vous devez faire preuve de cohérence.

Les outils

En 2005, nous avons pris l'AmEx de la startup, nous sommes allés dans un magasin d'informatique et nous avons dépensé 7 000 dollars pour nous équiper. Aujourd'hui, c'est bien plus simple.

- Les ordinateurs : Tout le monde a son propre PC ou son ordinateur portable.

- Les logiciels : La plupart sont gratuits. Si vous prouvez que vous êtes une startup, Microsoft vous donnera la suite Microsoft (Word, Excel, Powerpoint, Skype, Solitaire) et le cloud Azure (allez voir BizSpark sur Microsoft.com). Google a sa Google Suite (Google Docs, Gmail, Drive, Calendrier, Hangouts, Frogger), Adwords, et Analytics.

- Disque partagé : Utilisez un disque partagé afin que tous aient accès aux fichiers.

- Visioconférences : Skype, Hangout ou Join.me vous permettent également de partager votre écran. Nous utilisons souvent les trois : lorsque l'un d'entre eux ne fonctionne pas, nous basculons sur un autre.

- Téléphone portable : Vous pouvez avoir le pack famille pour vos trois "cousins".

- Newsletters : Vous pouvez envoyer des newsletters avec MailChimp, Cloudy.email, ConstantContact, Sendgrid, etc. Les 2000 premiers inscrits sont gratuits. J'ai utilisé la plupart de ces outils, et ma préférence va à MailChimp.

- Les chaises et les bureaux : Si vous voyez une startup avec de gros fauteuils en cuir à 1 500 dollars pièce, vous savez qu'elle jette son argent par les fenêtres. Lorsqu'Amazon a débuté, ils sont allés chez Home Depot, ont acheté des portes à 20 dollars qu'ils ont mis sur des tréteaux à 10 dollars. Vous pouvez trouver des chaises et des bureaux très accessibles dans des magasins de mobiliers d'occasion. Ils rachètent ces fournitures aux startups qui ont fait faillite.

- Slack : Utilisez Slack pour vos communications internes. Leur application fonctionne également très bien.

Fournitures de bureau : Chacun apporte les siennes.

➜ Un fondateur avait une astuce pour faire des tableaux

blancs. Allez acheter un panneau de mélaminé blanc de 1,2 x 2,4 mètres et 4 mm d'épaisseur à 12 dollars dans un grand magasin de bricolage (chez Home Depot ou Lowe). Le nettoyant s'obtient en mélangeant un volume d'alcool isopropylique à 4 volumes d'eau, dans un vaporisateur.

La documentation de votre startup

Votre startup aura également besoin d'un business plan et de slides Powerpoint. Mais attendez avant de les rédigez. Si vous les faites maintenant, vous définissez la direction de votre startup et il deviendra difficile d'en changer plus tard. Vous devez d'abord interviewer vos clients, entendre leurs problèmes et trouver des solutions.

Votre site web

Un certain nombre d'outils doivent être ajoutés à votre site web.

Commencez par créer un nouveau compte Google. N'utilisez pas votre compte Gmail, d'autres que vous auront besoin de se connecter à ce compte et ils n'ont pas à avoir accès à vos emails personnels.

Créez un compte Gmail. Prenez une suite de chiffres et de lettres au hasard pour que les hackers ne puissent pas deviner votre adresse mail.

Utilisez ce compte Gmail pour ajouter Google Adwords, Google Analytics et Google Search Console. Je vous conseille également d'ajouter Bing Webmaster Tools. Ajoutez aussi les balises de tracking.

Ajoutez votre carte de crédit et installez Adwords. Créez une petite campagne, par exemple 1 dollar par jour.

Faites ceci le plus tôt possible. Les différents outils commenceront à collecter les données des mots-clés.

Je vous suggère d'embaucher quelqu'un pour faire cela à votre place. Ces outils demandent beaucoup de configuration. Il vous faudra plusieurs jours pour les comprendre, plusieurs autres jours pour réparer vos erreurs, et vous finirez quand même par avoir besoin de payer quelqu'un pour mettre tout en ordre. Souvent, lorsque je regarde les sites des clients, je me dis qu'il est parfois plus simple de créer un nouveau compte. Juste pour info, je suis capable de faire ça en moins d'une heure (mais non, je ne le ferai pas pour vous).

Une astuce utile à appliquer pour votre site internet est d'ajouter un bouton qui permet d'obtenir des commentaires de la part des internautes / clients etc. En cliquant sur ce bouton, les utilisateurs du sites pourront remplir un formulaire et vous faire part de leurs suggestions, celles-ci vous seront envoyés par mail. Il existe plusieurs solutions qui vous permettent d'ajouter un module de commentaire, ou des boutons "envoyer un mail". Ces modules sont faciles à ajouter sur votre site et généralement gratuits.

Le référencement de base pour les startups

J'ai écrit une douzaine de livres sur le référencement, je dirige le référencement mondial pour Cisco, j'ai fait du référencement pour plus de 300 entreprises. Je vais donc parler ici d'expérience.

D'abord, le référencement, ou SEO pour *Search Engine Optimization*, signifie que vous optimisez votre page web pour qu'elle arrive dans les premiers résultats des moteurs de recherche. Vous hackez donc les moteurs de recherche.

Le but de votre référencement est que les moteurs de recherche vous trouvent. Vous pouvez lire un livre technique d'IBM de 500 pages pour en comprendre le fonctionnement, ou lire ces quelques prochaines lignes.

Si votre page web est la page officielle de votre entreprise, de votre produit ou de votre nom, elle sera numéro un sur Google et Bing.

Tout ce que vous avez à faire, c'est de vous assurer que Google sache bien que cette page est la page officielle.

Pour cela, éditez les balises méta TITLE et DESCRIPTION dans votre site. Sur la page de votre produit, mettez le nom de celui-ci. Remplissez la page Contact avec toutes vos coordonnées : votre nom, le nom de votre entreprise, votre adresse postale, adresse mail et numéro de téléphone. Ajoutez des liens avec vos pages Facebook, Twitter et LinkedIn.

Le texte en balise méta apparaît sous votre URL dans les recherches Google.

Les balises méta sont un peu comme des tweets : vous n'avez qu'un nombre de mots limités pour donner au lecteur une bonne raison de cliquer sur votre lien.

Pour l'instant, vous n'avez pas besoin de mots-clés. Votre nom, celui de votre entreprise et celui de votre produit sont vos mots-clés.

Il y a deux balises méta : la balise TITLE et la balise DESCRIPTION.

- La balise méta TITLE est l'hameçon qui attire l'attention du poisson. Si le poisson l'aime, il lira la ligne DESCRIPTION. Utilisez jusqu'à 68 caractères, espaces compris. Tout le reste risque d'être coupé par Google. Voici un exemple : <TITLE>Livraison de pâtes bio par Pasta Hut | Site officiel | PastaHut.com </TITLE>

- La balise méta DESCRIPTION convainc le lecteur que ce lien correspond à ce qu'il cherchait. Elle commence par l'idée principale, qui est aussi ce que l'internaute cherche. J'inclus souvent le numéro de téléphone, une offre ("première commande gratuite") et un appel à l'action ("Appelez-nous !"). Utilisez 167 caractères, espaces compris. Tout le reste risque d'être coupé par Google. Voici un exemple : <meta name="description" content="Essayez les pâtes fraîches faites maison. Artisanal et bio. 100 % maison ! Livraison à domicile. | PastaHut.com | Tel. 555.123.4567. 1ère commande gratuite ! Appelez !"/>.

- La balise méta keyword a des mots-clés pour les moteurs de recherche, mais Google, Bing et Yandex l'ont abandonnée. Vous pouvez vous en passer.

Ne mettez pas toute une série de mots-clés tels que "Spaghetti Pâtes Lasagnes Tortellini Linguini Penne." Si Google voit que vous mettez trop de mots clés, ils bloqueront la balise. Vous n'êtes pas là pour ajouter des mots-clés mais pour donner aux personnes une bonne raison d'aller sur votre site.

Vous pouvez faire tout cela par vous-même. N'embauchez pas un professionnel du référencement. Ne payez pas pour cela.

Pour prouver que cela marche, je l'ai fait pour mon chat. Cherchez son nom (Anaximander Katzenjammer), il est numéro 1 sur Google.

C'est à peu près tout ce qu'il y a à savoir en terme de référencement pour une jeune startup. Quand vous aurez 100 000 produits et un million de pages, vous pourrez faire beaucoup plus, mais pour l'instant, vous avez juste besoin de quelques balises.

Si vous voulez en savoir plus sur le référencement, vous trouverez sur mon site mon ebook gratuit sur ce sujet.

➔J'ai écrit pour mes étudiants de l'INSEEC SF un manuel de huit pages qui décrit, étape par étape, comment effectuer le référencement de base des startups et des petits sites internet. C'est tout ce dont vous aurez besoin, plus un certain nombre de détails supplémentaires. Cherchez SEO-in-8-pages.pdf (gratuit) sur andreas.com/startup/.

Les Google Adwords de base pour startups

Si le référencement ne vous permet pas d'arriver en tête des résultats Google, alors vous pouvez vous servir de Google Adwords pour propulser votre nom et votre entreprise au sommet.

Créez une campagne avec trois groupes d'annonces. Dans le premier groupe, mettez le nom de votre entreprise en mot-clé. Dans le deuxième, mettez le nom de votre produit. Si ce nom est composé de deux mots, mettez-les entre guillemets, par exemple "pasta hut". Mettez-le aussi en un seul mot, pastahut par exemple (sans guillemets). Dans le troisième groupe, mettez votre nom (entre guillemets) en mot-clé. Ajoutez d'autres groupes pour vos co-fondateurs.

- Google vous dira que vous devez définir une enchère à 10 dollars : ne le faites pas. Fixez l'enchère à 0,25 dollar.

- Fixez un petit budget quotidien à 2 dollars par jour (soit 60 dollars par mois).

- Lorsque vous installez Google Analytics, vous recevez un bon de 150 dollars en crédit Adwords. Saisissez le code du bon dans la page de facturation d'Adwords. Les premiers 150 dollars seront de l'argent de Google.

Lorsque vous vous créez un compte, un employé Google vous appelle pour vous proposer de vous aider à le créer.

N'autorisez pas Google à faire cela. Ils donnent votre compte à des lycéens qui augmentent votre budget et vos enchères. Et ils ne configureront certainement pas le suivi de conversion pour vous. Chacun de ces adolescent gère plusieurs centaines de compte, le vôtre sera noyé dans la masse.

➜ J'ai rencontré une startup l'été dernier qui avait laissé Google configurer son compte : Google a dépensé 5 000 dollars en un mois et la startup n'a vu aucun bénéfice. C'est comme ça que Google gagne 50 milliards de dollars par an.

Comme pour le référencement, dans un premier temps, vous n'avez pas besoin de beaucoup d'Adwords.

Apprenez-en plus sur le PPP (*Pay Per Click*) grâce à mon ebook gratuit sur le PPC. Vous le trouverez sur mon site web.

La recherche par mot-clé avec Google Adwords

Vous avez installé sur votre site les outils Google conseillés plus haut. Ceux-ci vont maintenant vous être utiles pour faire des recherches par mot-clé.

* Beaucoup d'entreprises vous proposeront leurs services (payants) pour vous fournir des données sur les recherches par mot-clé. Mais les meilleures données de recherches par mot-clé sont gratuites, et c'est Google qui les fournit.

* Dans Google Adwords, allez sur "Outils / Planification des mots-clés". Dans la case "Votre produit ou service", entrez quatre ou cinq de vos principaux mots-clés. Sous "Ciblage", entrez votre pays. Ajoutez votre langue. Cliquez sur "Obtenir des idées" et Google vous proposera des mots-clés supplémentaires avec leur volume de recherche mensuel. Classez les données par volume et vous verrez ressortir les meilleurs mots-clés. Utilisez-les dans vos titres, en-têtes et vos phrases d'accroche.

* Effacez les résultats et cette fois-ci, dans la case "Votre page de destination", entrez l'URL de votre concurrent. Google vous montrera tous les mots-clés qui apportent du volume de trafic à votre concurrent. Faites ceci pour vos 5 plus gros concurrents. Téléchargez tous ces résultats, combinez-les dans un seul tableur, classez-les et retirez les doublons. Vous aurez tous les mots-clés de vos concurrents.

* Dans Google Adwords, cliquez sur "Mots-clés" puis sur "Termes de recherches".Google vous montrera les mots

clés que les personnes utilisent pour arriver sur votre site. Cliquez sur la petite flèche qui pointe vers le bas et téléchargez cette liste.

- Dans Google Analytics, allez sur Acquisition / Référencement / Requêtes. Google vous montrera les mots-clés que des personnes ont utilisé pour trouver votre site.

- Dans Google Search Console, allez sur "Cherchez le trafic / Cherchez Analytics". Google vous montrera encore d'autres mots-clés que des personnes ont utilisé pour trouver votre site.

Ces quatre rapports vous donnent quatre groupes de mots-clés différents avec un certain recoupement. Utilisez ces quatre méthodes, téléchargez les rapports, combinez-les tous dans un tableur et vous obtiendrez tous les mots-clés de votre secteur d'activité ainsi que les données de chaque mot-clé.

Vous pouvez faire ceci par région (pour la France, l'Inde etc) et par langue (espagnol, allemand, etc). Vous pouvez également définir l'échelle de temps dans Google Adwords sur les quatre dernières années et obtenir un graphique du volume.

Le rapport des mots-clés vous montre les principaux mots-clés pour votre site, votre blog, vos publications sur les réseaux sociaux, les tweets etc. Donnez ce rapport à vos investisseurs. Cela prouve qu'il y a un marché pour votre produit.

C'est la raison pour laquelle vous devez installer les outils Google dès que possible, afin que les outils commencent à collecter des données. Cet étape est essentielle, comme vous le prouveront les deux récits suivants.

Je suis intervenu dans une startup dont les fondateurs travaillaient un peu à l'ancienne, comme le faisaient les pères de leurs pères et leurs pères avant eux. Ils avaient levé un million de dollars, embauché dix ingénieurs, des commerciaux, des professionnels du marketing, des créateurs de sites internet et plusieurs stagiaires. Ils ont travaillé pendant 18 mois sans jamais parler à un seul client. J'ai rejoint leur startup et quelques jours plus tard, j'ai fait une recherche sur les mots-clés. J'ai imprimé les meilleurs mots-clés, ainsi que leur volume de recherche mensuel. Lors de la réunion hebdomadaire, je leur ai tendu la feuille. Le principal mot-clé de leur secteur d'activité avait été recherché 1 400 fois par mois dans le monde entier. Et c'est tout. Même ma page internet de mon chat génère plus de trafic. Le CEO a regardé la liste et s'est décomposé. Il n'y avait pas de marché. Six mois plus tard, la startup était fermée.

Finissons ce chapitre sur une note joyeuse. Il y a des morts dans cette histoire, mais comme elle se passe en Californie, cela reste une belle histoire. Je travaille avec un grand cimetière (les cimetières eux aussi ont besoin de marketing). Ils veulent vendre plus de tombes. Entre autres choses, je fais une recherche de mots-clés. La veille d'une réunion, je prépare la liste et je m'aperçois qu'il y a beaucoup de recherches pour "enterrer mon chien", "enterrer mon chat", "une tombe pour mon poisson rouge", etc. Je me dis que si je me présente à la réunion avec ça, ils me prendront pour un fou, alors j'enlève les recherches qui mentionnaient les animaux. Et puis je me ravise en me disant qu'il s'agit quand même de données. Je les ai réintégrées dans mon rapport et suis allé à la réunion.

Je retrouve donc un groupe de personnes en costumes noirs et en cravate autour d'une longue table. C'est moi qui anime la réunion, nous discutons, et puis j'en arrive au rapport sur les mots-clés que je leur donne. J'explique le rapport, les chiffres, et nous commentons les mots-clés. Et puis je dis : "Vous aurez peut-être remarqué qu'à la ligne 32, il y a beaucoup de recherches pour enterrer des chiens et des chats". Un des vice-présidents tape du poing sur la table en s'exclamant : "Je le savais ! Je savais qu'il y avait un marché pour les enterrements des animaux domestiques !" Un mois plus tard, ils m'appellent pour me dire de venir les voir. Ils avaient créé un petit parc pour enterrer les animaux domestiques et il était déjà presque plein. En examinant les données, ils avaient découvert un marché et rendu des personnes heureuses.

Utilisez Adwords pour trouver un nom pour votre produit

Vous pouvez vous servir des recherches de mots-clés pour trouver un nom pour votre entreprise et votre produit. Lancez une recherche de mots-clés et cherchez les mots ayant un grand volume de recherches mensuelles.

Utilisez Google Adwords pour tester votre idée

Vous pouvez aussi vous servir d'Adwords pour tester votre idée. Vous pouvez lancer des campagnes d'annonces pour quelque chose qui n'existe pas, afin de voir si des personnes arrivent sur votre site web. Mettez un bouton abonnement pour récupérer des noms et des emails.

Créez une newsletter

Je vous conseille également d'envoyer une newsletter mensuelle pour tenir au courant votre équipe, vos conseillers, vos investisseurs, vos clients et vos amis de ce que vous faites. Ils parleront de votre projet à leur entourage.

Envoyez une newsletter mensuelle à vos clients. Tenez-les au courant de vos progrès. Demandez-leur des retours et des suggestions. Lorsque quelqu'un vous écrit, n'envoyez pas de réponse automatique. Répondez personnellement.

Vous pouvez utiliser des outils tels que MailChimp, Cloudy.email, Sendy, Constant Contact, et autres.

Ajoutez un bouton abonnement à la newsletter à votre site. Les outils mails vous donnent une petite ligne de code qui vous permet d'ajouter un lien d'abonnement sur votre site pour demander aux personnes de s'abonner à votre newsletter.

Cela peut être très gratifiant d'avoir 50 000 abonnés, mais ce qui compte, c'est le nombre d'entre eux qui lisent vraiment votre newsletter. Si quelqu'un n'a pas ouvert vos newsletters de ces trois derniers mois, alors votre produit ne les intéresse pas et vous pouvez les retirer de votre liste d'abonnés.

Vous allez devoir télécharger les adresses mails de vos contacts sur Facebook, LinkedIn, Gmail etc. Pour ce faire :

- **Gmail:** Cliquez sur Gmail (le bouton rouge tout à gauche). Sélectionnez Contacts. Cliquez. Sélectionnez tous les contacts. Enregistrez en CSV.

- **LinkedIn:** Allez sur LinkedIn / Cliquez sur Réseau / en haut à gauche "Relations tout voir" / Gérer les contacts importés en haut à droite / Exporter les contacts en bas à droite / Fichier rapide uniquement (ou Fichier rapide et autres données)

- **Facebook:** Créez un compte mail Yahoo. Allez sur address.yahoo.com, cliquez sur l'icône Facebook. Connectez-vous à l'aide de vos identifiants FB. Cela importera votre carnet d'adresse Facebook vers votre compte Yahoo Mail. Allez sur Yahoo / Outils / Importer. Exportez en CSV ou appuyez sur Control + A pour Copier tout et coller dans un fichier texte.

Vous pouvez aussi scanner les cartes de visite professionnelles avec un scanner de carte de visite. Il est également possible d'utiliser des applis sur smartphone pour prendre en photo des cartes de visite et convertir les images en texte.

Rassemblez toutes ces adresses mails en une seule et unique liste et retirez les doublons. Ensuite, nettoyez cette liste. Beaucoup d'adresses mails sont abandonnées chaque année, vous devez donc effacer les mauvaises. Si vous ne le faites pas, vous aurez des centaines de mails rejetés, votre fournisseur de mails vous considérera comme un spammer et fermera votre compte.

Pour faire le ménage dans votre liste, utilisez DataValidation.com, qui coûte environ 7 dollars par millier d'adresses. Vous téléchargez votre liste d'adresses mails et quelque jours plus tard, vous recevez une liste avec les adresses mails jugées "Good", "Maybe" ou "Bad". Envoyez des mails aux Good et aux Maybe. Effacez les adresses mails "Bad".

Tous vos co-fondateurs devront en faire autant avec leurs comptes Gmail, Facebook et LinkedIn pour avoir la liste la plus importante possible.

N'envoyez pas de mails en masse depuis votre compte Gmail. Si vous en envoyez plus de 300 ou 400 par jour, Google se réserve le droit de fermer votre compte. Si ce compte est celui de votre projet, vous devrez tout recommencer depuis le début.

Et les recettes, le marketing, etc ?

Beaucoup de startups commettent deux erreurs fatales :

- Un produit en recherche de marché : Elles commencent par créer un produit et essayent ensuite de trouver un marché. Webvan était une startup à un milliard de dollars sans marché.

- Un marketing puissant pour palier un produit faible : Leur produit n'étant pas abouti, elles font beaucoup de marketing pour le vendre.

La solution de facilité consiste à lever beaucoup de fonds à injecter dans le marketing pour créer des ventes, puisque c'est ce que les investisseurs veulent voir. Les VC s'en défendront, mais ce procédé ne les gêne pas, parce qu'ils sont payés pour vous donner de l'argent.

Soyons clairs : le marketing fonctionne, mais pour les grandes entreprises. J'en ai fait pour des multinationales. Mais celles-ci ont des stratégies et des objectifs bien plus vates que ce que peuvent faire les startups.

Plusieurs personnes m'ont fait remarqué que la publicité, c'est la taxe que vous payez lorsque votre produit n'est pas bon.

Faire du marketing revient un peu à prendre des stéroïdes pour camoufler ses petits muscles.

Vous ne devriez pas avoir à faire du marketing dans une startup en phase d'amorçage. Tout le temps passé à faire du marketing est du temps en moins consacré au développement de votre produit. Attendez d'avoir un produit abouti avant de faire du marketing. Faites des produits que vos clients adoreront. Ça grandira de façon virale.

Pour toutes les autres questions que vous pourriez vous poser quant au marketing, rendez vous sur mon blog, où vous pourrez trouver entre autres :

- Comment construire votre image

- Comment tester votre logo, vos couleurs, vos polices et votre site web

- Comment se servir d'une newsletter pour faire des tests

- Comment attirer de nouveaux clients et garder ses clients actuels

- Comment faire en sorte que des critiques donnent leur avis sur vos produits

- Comment se servir de Google pour faire de la publicité

- Comment se servir de l'App Store Optimization pour les applis

- Le marketing dans les médiaux sociaux, le marketing de contenu et le growth hacking

- Comment apparaître dans les magazines et les journaux

- Comment être invité à prendre la parole à des conférences et à des salons professionnels

Startups de fondateurs

D'autres startups présentées par leur fondateur :

- Gala Gil Amat, Fondatrice. Est en train de développer un système d'IoT pour mesurer l'intégrité structurelle d'un bâtiment. Parmi les co-fondateurs se trouvent des ingénieurs de Stanford et de l'UC Berkeley. Implantée à Palo Alto. A la recherche de financement. Consultez yellowfinch.co

- Nick Hurd, Fondateur. Servez-vous de Niftycart pour vendre vos produits depuis votre page Facebook ou vos newsletters. Facile à installer et conçu pour les téléphones portables. Il se connecte à QuickBooks et GetResponse pour automatiser votre commerce en ligne. Le fondateur a déjà développé plusieurs logiciels. A la recherche de financement. Implanté à Maui, Hawaï. Consultez Niftycart.com

En résumé

Le but de la présence numérique est d'apparaître lorsque des personnes vous cherchent. Elles veulent voir qui vous êtes et ce que vous avez fait. C'est également valable pour les potentiels co-fondateurs, les conseillers, les clients et les investisseurs. Faites en sorte qu'on puisse vous trouver sur internet.

4 : Interviewez vos clients

Avant de développer votre produit

Avant de commencer à coder, à immatriculer votre société ou à commander vos t-shirts, vous devez vérifier qu'il existe bien un marché pour votre idée.

Idée clé : Pour cela, il faut interviewer vos clients. Comment font-ils leur travail ? Quelles sont leurs frustrations ? Combien ce problème leur coûte-t-il ? Qu'est-ce qui résoudrait ce problème ? Comment les clients trouvent-ils des solutions ? Si vous réalisez correctement cette étape, vos clients vous diront ce dont ils ont besoin, combien ils seraient prêts à débourser pour en profiter.

Après avoir fait une dizaine ou une vingtaine d'interviews, vous aurez une bonne idée de ce qu'il faudra développer.

Vos clients et votre entreprise

Vos clients sont un des éléments les plus importants de votre entreprise, puisque ce sont eux qui vous paient. Vous devez comprendre ce qu'ils font, ce qui ne marche pas et trouver une solution.

➜ Au début de votre startup, vous êtes censé passer 80 % de votre temps avec vos clients et 20 % en développement. Au fil du temps, cela s'inversera progressivement et vous consacrerez 20 % de votre temps à vos clients et 80 % au développement. Bien sûr, cela dépend du domaine dans lequel vous travaillez. Ce n'est pas possible à réaliser avec des gros projets complexes tels que le langage de programmation, les outils médicaux sophistiqués, les grosses machines industrielles, etc.

➜ Plus que simplement connaître vos clients : vous devez

tomber amoureux d'eux. Apprenez tout ce que vous pouvez sur eux : ce qu'ils aiment, comment ils font les choses. C'est pour cela que vous devez rencontrer vos clients en chair et en os dès que cela est possible, ou à la rigueur, par Skype en vidéo. Vous devez voir ce qui les rend heureux, ce qui provoque de l'hésitation, et ce qu'ils évitent. Apprenez à envisager leur travail de leur point de vue.

Comment interviewer vos clients

Vous interviewez vos clients pour en apprendre plus sur leur travail et sur leur vie afin de développer et de leur proposer un meilleur produit.

Les paragraphes suivants sont en partie inspirés du petit livre de Rob Fitzpatrick, *The Mom Test*. C'est un excellent livre que je vous conseille. Allez sur MomTestBook.com.

Ce n'est pas simplement de la théorie. Pour écrire ce livre, j'ai interviewé des fondateurs, des VC, des business angels, des investisseurs et des directeurs d'incubateurs, d'accélérateurs et d'espaces de co-working. Je leur ai demandé de me raconter comment ils ont monté leur startup, ce qui fonctionne, ce qui ne fonctionne pas, ce qu'ils font et ce qu'ils ne font pas. Je me suis basé sur ces interviews pour écrire ce livre. C'est pour cela qu'il est si concret et si réaliste.

Les interviews m'ont fait changer d'avis sur de grandes parties de ce livre. De nombreux paragraphes ont été ré-écrits, retirés ou développés, en fonction des expériences que me confiaient les fondateurs de startups.

Comment trouver les personnes à interviewer

Demandez à tout le monde :

- Vos amis, votre famille, vos camarades de fac et les anciens élèves

- Vos co-fondateurs, vos conseillers, vos collègues.

- Des professeurs d'université et d'école de commerce

- Des investisseurs

- Les personnes qui s'inscrivent à votre newsletter ou à votre site.

➜ Un fondateur m'a dit qu'il fallait aussi aller interviewer des startups qui n'avaient pas marché. Allez voir sur Angel.co et autres sites pour trouver des fondateurs qui ont créé des startups similaires à la vôtre.

➜ Comme une des fondatrices que j'ai interviewée est encore étudiante, elle m'a dit qu'elle incluait ces rencontres dans le cadre de recherches qu'elle menait pour un projet universitaire, ce qui était en grande partie vrai.

➜ Je vous conseille également d'interviewer des investisseurs potentiels. Un fondateur a découvert qu'un des business angels les plus importants de la Silicon Valley avait perdu 26 millions de dollars l'année précédente dans le marché cible de la startup. Tous les autres business angels étaient au courant de cette histoire, et refusaient d'y investir le moindre cent.

Combien d'interviews ?

➜ J'ai demandé aux fondateurs combien d'interviews ils avaient fait. L'un d'eux en avait fait 70 en deux mois. Trois autres en avaient fait une trentaine. La plupart en avait conduit entre 10 et 20. Un des fondateurs s'était appuyé sur 800 réponses à un sondage, et un autre sur 1 500. D'autres encore n'avaient fait aucune interview. J'ai moi-même interviewé 26 personnes avant d'écrire ce livre.

Un exemple de mail

Voici un exemple de mail que vous pouvez envoyer : Bonjour Patrick, je suis en train de développer un produit pour le secteur du bâtiment. J'essaye de comprendre le fonctionnement de ce secteur. Votre grande expérience m'aiderait sûrement à éviter de nombreuses d'erreurs. Je n'ai rien à vous vendre, je souhaite simplement en savoir un peu plus. Puis-je vous inviter à déjeuner pour que nous parlions de tout cela ? Émilie.

➜ Pour ce livre, j'ai envoyé un mail aux 1 500 abonnés de ma newsletter personnelle. Environ 45 m'ont répondu et j'en ai interviewés 26.

Avant l'interview

Vous devez connaître la personne que vous allez interviewer. Préparez votre rendez-vous en faisant des recherches sur cette personne et sur son entreprise. Allez voir son site web, ses pages Facebook, Twitter, LinkedIn, Instagram, etc. Regardez son parcours étudiant, professionnel et ses loisirs. Allez sur le site et la page LinkedIn de son entreprise. Renseignez-vous sur l'actualité de son entreprise (allez sur Google actualités et tapez son nom et celui de son entreprise).

Qui doit mener les interviews ?

Ce doit être vous et vos co-fondateurs. Il n'est pas possible de déléguer cette tâche à un prestataire ou d'embaucher des étudiants. Vous devez le faire vous-même.

Chaque interview doit être faite par un binôme de co-fondateurs. Changez les binômes à chaque interview.

Comment mener ces interviews ?

- Faites en sorte que votre contact comprenne bien que vous ne souhaitez rien lui vendre. Si vous le contactez, c'est en sa qualité d'expert.

- Envoyez-lui les questions à l'avance pour qu'il puisse les préparer.

- Ne présentez pas votre projet. N'en parlez même pas. Contentez-vous de lui poser des questions. Laissez-le parler.

- Apportez deux exemplaires papier de vos questions, donnez-lui en un.

- Enregistrez l'interview. Cela vous permet de vous concentrer sur ce que la personne dit au lieu d'essayer de l'écouter en prenant des notes. Il existe des applis pour enregistrer des conversations ou des appels téléphoniques.

- Ne rencontrez pas votre interlocuteur sur son lieu de travail : c'est trop formel, et il ne pourra pas parler librement. Ne faites pas vos interviews dans des cafés bondés, parce que votre interlocuteur ne sera pas libre de parler s'il craint qu'on entende votre conversation. Ne vous asseyez pas face à face, séparés par une table ou un bureau. Asseyez-vous côte à côte.

Ne soyez pas formel. Soyez détendu et discutez.

Si vous faites l'interview à distance, faites-la par vidéo pour que vous puissiez vous voir les uns les autres. Les expressions du visage sont souvent très parlantes.

Les mauvaises questions

Lorsque l'on interviewe un client, il arrive que l'on pose les mauvaises questions. L'on fait la publicité de son produit et l'on demande ensuite au client s'il l'achèterait.

Il en résulte une opinion ("Oui, peut-être"), mais cela ne vous est d'aucune utilité, parce que quand vous parlez, vous n'apprenez rien. C'est en écoutant que l'on apprend.

Les votes, les sondages ou les questionnaires à choix multiples passent à côté des détails et des problèmes. Posez à vos interlocuteurs des questions ouvertes et laissez-les parler.

➜ Gardez bien en tête que tous vos clients sont différents. Une startup était en train de développer un outil médical. Ils sont donc allés interviewer des médecins. Les médecins spécialistes ont demandé des fonctions avancées, qui ont été ajoutées, mais l'outil est devenu beaucoup trop compliqué pour les médecins généralistes, ce qui a entraîné la chute des ventes. Les utilisateurs experts sont souvent trop avancés pour le marché généraliste.

Les questions à poser

Idée clé : Posez des questions précises sur ce qu'a fait le client jusqu'à présent. Quel était le problème ? Pourquoi était-ce un problème ? Comment cela le gênait-il ? Qu'a-t-il fait pour y remédier ?

Par exemple, vous êtes en train de monter une application pour une entreprise du bâtiment. Voilà une idée du type de questions que vous pouvez poser :

- Comment réalisez-vous actuellement ce processus ? Racontez-moi, étape après étape, la dernière fois que vous l'avez réalisé.

- A quel moment de ce processus rencontrez-vous des problèmes ?

- Ces problèmes viennent-ils de l'outil ?

- Quels autres outils avez-vous essayé avant de choisir celui que vous utilisez actuellement ?

- Comment gérez-vous ce problème actuellement ?

- Comment le régleriez-vous ? Très souvent, les interviewés connaissent très bien le problème et vous diront comment le résoudre.

- Pourquoi ne l'avez-vous pas réglé ?

- Est-ce vraiment un problème ou arrivez-vous à vous en accommoder ?

- Qu'essayez-vous vraiment de faire ? Quel est le but final de tout cela ?

- Êtes-vous à la recherche d'un outil de remplacement ?

- Qu'est-ce qui vous empêche de remplacer cet outil ?

- Où cherchez-vous cet outil de remplacement ?

- Auprès de qui allez-vous chercher conseil lorsque vous cherchez un outil de remplacement ?

- Combien d'argent perdez-vous à cause de cet outil ?

- Y a-t-il un budget pour un meilleur outil ?

Startup I Andreas Ramos et Cyril Ghattas

- Qui contrôle le budget pour les nouveaux outils ?

- Quel est le processus de sélection des nouveaux outils ?

- Comment s'appelle la personne qui prend la décision finale?

- Qui d'autre me conseillez-vous de rencontrer ?

- Que pourrais-je vous demander de plus ?

Cette dernière question est importante. Les personnes vous diront des choses auxquelles vous n'auriez jamais pensé.

Pour vous donner le choix, j'ai mis plus de questions que nécessaire dans cette liste. Servez-vous en pour faire vos propres questions. Visez entre 10 et 12 questions pour environ une heure de conversation.

➔ Un des fondateurs m'a raconté que son équipe avait posé des questions à des utilisateurs sur leur situation, comme je viens de le décrire. Je lui ai demandé pourquoi ils avaient fait ainsi et il m'a répondu que c'était parce que leurs professeurs leur avaient dit de le faire. Mais comme ils n'avaient pas de produit, ils posaient simplement des questions aux personnes sur les problèmes qu'ils rencontraient. Ce faisant, ils ont découvert un problème, pour lequel ils ont ensuite développé une solution.

Continuez à poser des questions

➔ Plusieurs fondateurs avaient une autre façon de poser des questions. Une équipe avait par exemple ajouté un chat en ligne au produit. Les personnes contactaient l'entreprise quand ils rencontraient un problème avec le produit, et une fois que ce problème était réglé, le fondateur leur posait des questions. En général, les clients répondaient.

➔ Une autre équipe proposait un chat en ligne 24 h / 24 et 7 j / 7 pour leurs clients à l'international. Les co-fondateurs, même après quatre ans passés à la tête de leur entreprise, mettaient un point d'honneur à répondre tous les jours au chat d'assistance clients pendant une demi-heure pour rester en contact avec eux. Ils leur posaient ainsi des questions et avaient beaucoup de retours et de suggestions.

Après l'interview

Mettez tout ce que vous avez sur l'interview (votre résumé, les enregistrements audio et vidéo et les photos de vos notes manuscrites) sur un disque partagé. Tous les membres de l'équipe de développement doivent avoir accès aux interviews.

Chaque co-fondateur doit lire toutes les interviews. Ensuite, réunissez l'équipe et réagissez sur chaque interview, les unes après les autres : ce qui est bien, ce qui devrait être développé, ce qui n'a pas d'intérêt.

Intégrez les interviews à votre développement

Réunissez l'équipe pour discuter de chaque interview, ligne par ligne. Quelles nouvelles informations y trouvez-vous ? Comment pouvez-vous intégrer ces informations au développement de votre produit ? Comment cela changera-t-il votre produit, votre développement et l'avenir du projet ?

Convertissez les interviews en storyboard

Une fois que vous avez clairement compris les problèmes des clients, vous créez un storyboard.

Un storyboard est la description du processus, du point de vue de l'utilisateur : ce qu'il fait, les problèmes qu'il rencontre, comment cela gêne son travail, et comment cela peut être résolu.

Un storyboard peut prendre plusieurs formes :

- Quelques paragraphes

- Un plan avec des étapes numérotées

- Un dessin avec des bonshommes en bâtons, des bulles de dialogue et des sous-titres

- Une vidéo d'animation

Le storyboard doit être court. En s'efforçant de le raccourcir au maximum, vous exposez le problème et sa solution de façon claire et rapide. Par "court", j'entends une demie-page de texte, une page de dessins ou une vidéo de 30 secondes.

Vous pouvez faire différentes versions du storyboard pour vous adapter à vos différents publics.

- Pour votre équipe de développement

- Pour vos investisseurs

- Pour vos clients, sur votre site internet

Il existe de nombreux blogs et pages web qui vous expliquent comment écrire des storyboards. Vous pouvez voir comment Jake Knapp de chez Google Ventures fait du prototype rapide avec des storyboards (voir goo.gl/VZfNDx).

➜ Presque tous les fondateurs que j'ai interviewés faisaient des storyboards et trouvaient cela utile.

➜ Quelques-uns ne faisaient pas de storyboards. Ils avaient l'impression que ce n'était qu'un exercice. Ils avaient beaucoup d'expérience dans leur domaine et une compréhension claire de leurs clients et de leur marché, et n'en avaient donc pas l'utilité.

➜ Plusieurs fondateurs m'ont dit que les interviews et les storyboard n'intéressaient pas les investisseurs, parce que ceux-ci n'avaient pas assez de temps. La seule chose qui intéressait les investisseurs, c'étaient les aspects financiers.

Le revers des questions

Vous posez des questions pour dissiper les doutes et les confusions. Mais les réponses risquent de générer encore davantage de doutes et de confusions.

Si vous interviewez dix professionnels, vous aurez dix réponses différentes.

En reprenant les interviews et en les résumant, vous pourrez découvrir quelques positions et problèmes communs.

➜ Un fondateur avait commencé à mener des interviews jusqu'à ce qu'il se rende compte que celles-ci posaient problème. Il y a cinq ans, si vous aviez demandé à des gens s'ils étaient intéressés par un service de voiture à la demande, ils vous auraient répondu qu'ils prenaient déjà le taxi. Ils n'auraient pas pu imaginer Uber.

Apprenez à écouter

Il n'est pas facile d'écouter ce que les personnes ont à vous dire. L'on a surtout envie que nos idées soient confirmées, et non pas de se retrouver avec des problèmes supplémentaires.

Quand j'ai commencé à écrire ce livre, je pensais que pour lancer une startup, il fallait se baser sur les chiffres, que tout devait être testé pour pouvoir récolter des données, faire des statistiques et découvrir la solution optimale.

➜ J'ai parlé chiffres avec trois fondateurs qui avaient de solides compétences en ingénierie et avaient monté de nombreuses startups. Ils m'ont tous dit : "C'est ce qu'on a essayé au début, mais ça n'a pas vraiment marché". Je me suis alors dit qu'ils ne s'y étaient pas bien pris. Oui, j'ai dénigré leur expérience. Ma théorie était meilleure.

Et j'ai compris ce qu'ils disaient : les développements uniquement basés sur les chiffres ne fonctionnent pas. La plupart des livres les plus vendus sur les startups s'appuient sur des chiffres, mais ils n'expliquent pas comment faire, parce que ce n'est pas comme cela que ça marche.

Rédigez la documentation de votre startup

Une fois les interviews avec vos clients finies, vous aurez une claire vision du problème et de sa solution. Vous pourrez alors rédiger la documentation de votre startup :

- En une page (un *one-pager*) : Le résumé de votre affaire, en une unique page.

- Une présentation en 10 slides : 10 slides en Powerpoint et en PDF pour les rendez-vous avec vos investisseurs.

Vous pouvez télécharger des modèles de résumé en une page et de présentation en 10 slides sur la page web de ce livre, que vous pourrez adapter à votre startup. Il existe des centaines de business plan sur BPlan.com.

Mettez ces documents dans un dossier partagé afin que toute votre équipe puisse s'en servir. Vous pouvez aussi les mettre sur une petite clé USB accrochée à votre porte-clés et dans la mémoire de votre téléphone portable.

Entraînez-vous à présenter ces documents jusqu'à ce que vous les maîtrisiez et soyez à l'aise.

→Beaucoup de fondateurs très expérimentés n'écrivent pas de business plan en 10 ou en 60 pages. Vous y passeriez trop de temps. Tout change tellement vite que votre document sera obsolète dans quelques semaines. La plupart des investisseurs ne le liront pas ou ne feront que le parcourir. Et tous sont conscients que votre business plan évoluera. Cela peut donc devenir une perte de temps.

Votre elevator pitch, ou pitch d'ascenseur

Le nom "elevator pitch" désigne la présentation de votre projet que vous devez être capable de faire dans un ascenseur entre deux étages.

Mais la plupart des elevator pitchs sont truffés de phrases bizarres telles que "Nous tirons profit des verticales dynamiques". Personne ne comprend vraiment ce que ça veut dire et vous perdez votre auditoire.

Lors d'un pitch event, quelqu'un venait de passer deux minutes à parler de stockage et de partage de bio-datas dans le cloud de l'entreprise lorsqu'un des investisseurs lui a demandé : "Vous faites des dossiers médicaux ?"

Il existe une meilleure solution : le grandmother pitch.

Le grandmother pitch, ou pitch de grand-mère

Idée clé : Le grandmother pitch, c'est ce que votre grand-mère racontera à ma grand-mère pour lui expliquer ce que vous faites dans votre startup.

Écrivez votre pitch et retirez-en trois ou quatre mots simples que votre grand-mère pourra retenir. Ce doivent être des mots parlés et non une phrase écrite. C'est ce que j'appelle le grandmother pitch.

- Parlez à votre grand-mère et demandez-lui ce qu'elle a compris de ce que vous faites. Si elle vous répond : "Tu perds ton temps sur cette Gameboy ! Trouve-toi un vrai travail !", alors vous saurez qu'elle est franche. Si elle vous répond : "Le petit Paul essaye de trouver une solution pour que les personnes soient plus facilement payés", alors vous tenez votre pitch.

- Vous savez que vous avez un bon grandmother pitch lorsque les personnes vous présentent à d'autres personnes en reprenant vos mots. "Jenny, je te présente Paul. Il essaye de trouver une solution pour que les personnes soient plus facilement payés".

- En expliquant votre activité par des mots simples, vous permettez aux personnes qui vous entourent de parler plus facilement de ce que vous faites à leur entourage. Vous gagnez en viralité.

Dans la Silicon Valley, nous appelons cela des affirmations "X pour Y". Le X est une grande entreprise qui fait quelque chose que tout le monde comprend. Le Y est un nom que tout le monde comprend également. Par exemple, c'est le AirBnB pour les fêtes. Le Facebook pour les chiens. Le LinkedIn pour les chats. Si vous manquez d'idées, essayez ItsThisForThas.com.

Pour en savoir plus sur le grandmother pitch, allez sur goo.gl/Nb3u0A.

Utilisez Adwords pour tester votre grandmother pitch

Lorsque vous aurez plusieurs phrases de pitch pour décrire votre startup, vous pourrez les tester dans Google Adwords pour trouver la meilleure.

- Créez un groupe d'annonces dans Adwords.

- N'utilisez qu'un seul mot-clé. Utilisez le mot-clé le plus pertinent, celui qui génère le plus de trafic.

- Créez des annonces pour chacun de vos grandmother pitchs. Si vous avez cinq phrases, faites cinq annonces. Elles doivent être toutes identiques, seul le corps de l'annonce doit être différent. Mettez le message pitch dans le corps de l'annonce.

- N'activez pas l'optimisation d'annonce. Cela permet d'avoir plus de rotation.

- Lancez les annonces pendant une semaine hors période de vacances jusqu'à ce que chacune d'entre elle ait 1 000 impressions. Regardez le CTR (taux de clic) des annonces pour choisir la meilleure.

- Vous verrez laquelle obtient le plus de clics.

Vos annonces doivent avoir 1 000 impressions pour avoir un intervalle de confiance de +/- 3 %.

Comment trouver vos premiers clients

Vos premiers clients sont bien évidemment les membres de votre propre équipe. Si vous faites de la nourriture pour chien, vous devez regarder si votre équipe achètera ce produit. Google teste ses produits de façon extensive sur ses propres employés avant leur commercialisation.

Ensuite, il y a le premier cercle autour de votre startup, donc les conseillers, les prestataires, les investisseurs, etc. Donnez-leur votre produit pour qu'ils puissent l'essayer.

Enfin, donnez-le également aux personnes que vous avez interviewées.

Commencez avec un petit groupe. Vous avez besoin de suffisamment de personnes pour avoir un retour, mais pas trop non plus pour ne pas passer trop de temps en assistance client. Au début, ne vous souciez pas de vos revenus. Proposez les premières versions gratuitement ou à un prix réduit. Pour l'instant, ce qui est inestimable, c'est avoir des retours et de faire parler de vous.

Servez-vous des pubs numériques sur Google Adwords et Facebook pour toucher votre cible. Redirigez-les vers votre site web où ils pourront s'inscrire, s'abonner à votre newsletter ou télécharger votre produit.

Vos clients parleront de votre produit autour d'eux. Demandez-leur des témoignages, de poster des photos et des vidéos sur votre site et votre page Facebook, ainsi que sur leur page Facebook et leur site.

Et si vous n'arrivez pas à avoir de clients ? C'est peut-être parce que vous n'avez pas été assez clair sur les avantages de votre outil. Il faut donc mieux l'expliquer.

Mais si après cela, vous n'arrivez toujours pas à avoir de clients, c'est qu'ils vous disent qu'ils n'ont pas besoin de votre produit.

➜ Plusieurs fondateurs m'ont dit qu'ils avaient une liste de clients potentiels et qu'ils les avaient appelés. Cela peut ou pas fonctionner, mais la seule façon de le savoir, c'est d'essayer. Trouvez une liste de 100 clients, appelez-les et tirez-en des conclusions.

Des idées en plus

Vous n'avez pas besoin d'avoir une idée originale. Si vous êtes en Europe, en Amérique du Sud, en Asie ou en Afrique, regardez ce qu'ont fait les startups de la SV qui ont réussi et demandez-vous si ces idées fonctionneraient dans votre pays.

Cela se fait vraiment, et ça marche. Les frères Sanwer, en Autriche, copient des entreprises de la SV pour l'Europe. Ils vont même jusqu'à copier des sites internet entiers. Ils montent des équipes qui s'occupent de copier ces entreprises. Leur société est évaluée à un milliard de dollars.

Cherchez des entreprises de la SV qui ont eu des investisseurs et ont duré plus de trois ans. Elles ont compris ce qui marchait (et ce qui ne marchait pas). Voyez si vous pouvez améliorer leurs idées pour votre pays.

Deux des plus grandes sociétés du monde sont Baidu et Alibaba, en Chine : ce sont toutes les deux des copies d'entreprises de la SV, et elles valent toutes les deux des milliards de dollars. Même Google est la copie du travail de quelqu'un d'autre.

Ne lancez pas une startup juste pour pouvoir gagner de l'argent par le biais de la publicité. La plupart des sites médias gagnent en réalité très peu d'argent. Vous trouverez sur mon blog des données sur les revenus de la publicité (allez sur goo.gl/qus97T).

Quelques idées quand même

Vous ne savez toujours pas par où commencer ?

Les nouvelles technologies sont en pleine explosion. Elles créeront des plate-formes, des entreprises, des outils et des entreprises de services. Regardez du côté de l'IoT, de l'IA, de l'apprentissage automatique, de la robotique et des drones, de l'impression 3D, de la blockchain, du CrispR, de la réalité augmentée et de la réalité virtuelle. Chacun de ces domaines créera des entreprises à plusieurs milliards de dollars.

Les docteurs Carl Benedikt Frey et Michael Osborne de l'université d'Oxford estiment que 47 % des emplois peuvent être automatisés. Allez sur goo.gl/DdYWGK pour obtenir la liste des 702 métiers sur lesquels ont porté leurs recherches (p. 57-72).

Vous pouvez monter des startups pour automatiser ces emplois. Cherchez des entreprises où les employés travaillent toujours sur papier. Choisissez un emploi, interviewez les personnes pour découvrir leurs problèmes d'efficacité et développez une meilleure solution. Trouvez une niche et investissez-la.

Un bon développement doit être viral

La distribution virale, le marketing viral, la viralité et l'effet de réseau sont des mots différents qui recouvrent tous la même chose : des personnes parlent de quelque chose à d'autres personnes, qui en parlent à d'autres personnes, et cela se développe tout seul. Cela veut dire que ça devient viral.

Il y a deux genres de viralité :

- La viralité émotionnelle. Quelque chose qui fait appel à des émotions positives ou négatives peut se développer très vite. Mais une fois que le pic a été atteint, la viralité s'effondre rapidement. Exemples : les Pokémon et Susan Boyle.

- La viralité d'utilité : Si un outil résout un problème que rencontrait un utilisateur, celui-ci en parlera à ses amis, et chacun de ses amis en parlera à son tour à des amis supplémentaires. Cela commence lentement et se développe ensuite rapidement. Et comme cela se base sur quelque chose d'utile, les personnes s'en serviront longtemps. Le mail en est le meilleur exemple.

Dialpad est un autre exemple de viralité basée sur l'utilité. En 1998, Dialpad était la première entreprise à proposer des appels longue distance gratuits par internet. C'était bien avant Skype. Le site de Dialpad est devenu le site à la plus forte croissance de l'histoire, avant d'être un des plus gros sites web. J'étais à la tête du marketing numérique de Dialpad. Comme personne n'avait vu de croissance virale, on ne comprenait pas pourquoi cela se développait aussi vite. Mais si cela se développait, c'était parce que cela permettait aux personnes de passer gratuitement des appels longue distance dans le monde entier.

Plusieurs professeur de Stanford, Wharton, Copenhague et d'ailleurs ont étudié les raisons qui font que quelque chose devient viral. Sur mon blog, vous trouverez un recueil d'articles de recherches universitaires en marketing viral (allez sur goo.gl/WLWcWK).

Intégrez la viralité à votre produit

La première chose à faire pour gagner en viralité est de développer un produit qui résout un problème.

Ensuite, vantez-en les avantages à vos clients de façon explicite. Ce n'est pas à eux de les découvrir ou de les deviner. Vous pouvez tester vos messages avec Google Adwords.

Enfin, faites en sorte que vos clients puissent facilement parler de votre produit à leurs amis. Ajouter des boutons de partage pour Facebook, Twitter etc. Faites une liste de clients qui aiment votre produit. Envoyez une newsletter mensuelle avec un bouton de partage par mail.

Facilitez le partage. Les vidéos de chats deviennent virales parce qu'il n'y a qu'à copier / coller un lien URL Youtube. Si les nouveaux utilisateurs doivent remplir un formulaire et confirmer un mot de passe, peu le feront.

Vous pouvez augmenter la viralité en proposant des parrainages. Si un nouveau client s'inscrit, parrainé par un ancien client, il a 10 % de réduction. Vous pouvez aussi faire une double réduction, et dans ce cas, aussi bien le parrain que le nouveau client bénéficient d'une réduction. Si je vous invite à utiliser Uber, vous avez une course gratuite, et moi aussi.

Les vidéos marchent aussi très bien. Faites de petites vidéos de 2 ou 3 minutes de vous avec votre produit, qui en démontrent tous les avantages pour l'utilisateur. Mettez-les sur Youtube, sur votre site et sur tous vos profils médias sociaux.

Et si ça ne devient pas viral ?

Si ça ne devient pas viral, c'est que vos utilisateurs ne voient pas la valeur de votre produit. Alors faites du marketing. Le marketing convainc les personnes d'acheter des produits dont ils n'ont pas besoin.

Le marketing est donc réellement efficace ?

Le marketing fonctionne. Si le marché du luxe, qui rapporte des millions de milliards de dollars, existe, c'est bien grâce au marketing.

Si vous n'arrivez pas à faire en sorte que votre produit devienne viral, trouvez des responsables marketing expérimentés. Ils sauront trouver un public et créer une demande.

➜ Le marketing dépend du pays. Ce qui est utilisé dans un pays ne peut souvent pas l'être dans un autre. Par exemple, Google et Facebook fonctionnent aux États-Unis mais pas en Chine. L'App Store Google Play n'est pas non plus accessible depuis la Chine. Au lieu de cela, il y a des app stores de tierces parties qui se connectent aux utilisateurs via des réseaux sociaux tels que WeChat, où des pages ont été crées comme des magazines pour parler de jeux.

Et les chiffres, les KPI et autres performances ?

Les chiffres et les KPI (*Key Performance Indicator* ou indices de performance clé) ne vous seront d'aucune utilité dans la phase d'amorçage de votre startup. Vous devez interviewer des clients, découvrir un problème, développer une solution et trouver vos premiers investisseurs.

➜ Certains investisseurs réclament un rapport chiffré hebdomadaire. Ils ne se rendent pas compte que la préparation de ces rapports peut prendre deux à trois heures, sa présentation une heure et une autre heure encore à commenter. Chaque semaine de travail ne comportant que 100 heures, vous passerez 5 % de votre semaine sur quelque chose qui n'ajoute aucune valeur à votre produit. Expliquez cela à votre investisseur et voyez s'il accepterait plutôt un rapport mensuel.

Les startups de fondateurs

Voici quelques autres startups par leurs fondateurs :

- Scott Stouffer, co-fondateur. MarketBrew est un logiciel de modélisation de moteur de recherches propulsé par IA. Quelques-unes des plus grandes équipes de marketing au monde utilisent MarketBrew pour apporter des changements à leurs sites et prédire le classement de leurs pages par Google. Allez sur MarketBrew.com.

- Virginie Glaenzer, co-fondatrice. SoHo place est un environnement local à la demande qui permet aux freelancers de se rencontrer et d'avoir les plus belles vies possible. Basée à New-York. A la recherche de partenaires et de propriétaires de logements.

En résumé

Il est incroyable de voir des entreprises s'effondrer parce que des fondateurs et des investisseurs ont créé des produits sans échanger avec leurs clients, pensant connaître leur marché. Cela arrive en permanence dans la Silicon Valley.

Parlez avec des clients potentiels. Demandez-leur ce qu'ils font et quels problèmes ils rencontrent. S'ils sont freinés par des obstacles, ils vous le diront. Cela vous donnera l'occasion de créer des solutions.

Quant à vous, résolvez ce problème, développez un prototype et testez-le pour voir s'il est vraiment efficace. Si c'est le cas, les investisseurs financeront votre projet.

Une solution qui fonctionne, c'est une solution qui répond à un marché existant. Votre seule mission est de la trouver.

5 : Développez votre produit

Les startups traditionnelles

Des années 1960 au début des années 2010, les start-ups de la Silicon Valley étaient des mini-entreprises. Que cela signifie-t-il ? Depuis le début des années 1990, j'ai travaillé dans près d'une quarantaine de startups pour lesquelles nous avons monté des entreprises : nous avons loué des espaces de bureaux, monté des cloisons et des open-spaces, recruté des administrateurs système, acheté des serveurs, employé des commerciaux, des responsables marketing, des réceptionnistes et créé des services de ressources humaines. Nous nous nous sommes lancés dans la production, le stockage, le marketing, la vente, la distribution et les transactions. Nous nous occupions également du service client, des retours, des réparations, etc. Tout ceci était pris en charge par dix à vingt personnes. Comme ces petites entreprises avaient les mêmes activités que les grandes, nous étions plutôt occupés.

Mais à la fin des années 2000, les choses ont commencé à changer.

L'expérience des lean startups

Steve Blank a écrit *The Four-Steps to the Epiphany* (2005), suivi de *The Lean Startup* par Eric Ries en 2011. Steve Blank a également écrit *The Startup Owner's Manual* (2012).

Ces livres ont changé la compréhension que nous avions des startups de la Silicon Valley. Ils faisaient remarquer qu'une startup ne doit pas être une entreprise. Au contraire, une startup doit être une façon de découvrir si une idée peut se transformer en business. Le but des startups en phase d'amorçage est de se focaliser sur le développement de leur produit. Il ne doit pas encore être question d'activités lucratives comme le marketing et les ventes.

Est-ce de la théorie ou cela marche-t-il vraiment ?

Les livres de Blank et Ries conseillent de sortir des bureaux et d'aller parler aux clients, ce que j'ai fait en interviewant les fondateurs.

➜ J'ai interviewé des fondateurs pour ce livre. Je leur ai demandé ce qu'ils pensaient de l'idée de lean startup tirée du livre d'Eric Ries, *Lean Startup*. Trois fondateurs avaient lu ce livre. Deux l'avaient parcouru. Certains avaient le livre chez eux mais ne l'avaient pas lu. La plupart des fondateurs n'en avaient pas entendu parler. Ils avaient cependant entendu parler du concept de lean startup et pouvaient le décrire en quelques phrases, qui parlaient surtout du MVP *(minimum viable product* ou produit minimum viable). La plupart avait interviewé des clients. Et un grand nombre d'entre eux avaient monté et lancé leur produit parce qu'ils avaient l'intuition que ça pouvait marcher.

➜ Cela incluait les startups qui avaient levé des fonds. En général, les investisseurs ont une stratégie digne de celle des missiles nord-coréens : ils construisent, ils lancent et ils prient. Certains investisseurs avaient fait des recherches sur les startups, mais ce n'étaient qu'une minorité. Les investisseurs avaient eu l'impression que l'idée était bonne. Certains investisseurs avaient fait quelques recherches sur les fondateurs mais pas sur le produit ni sur le marché. Leurs recherches étaient en général celles d'un MBA traditionnel et concernaient la taille du marché (revenus, nombre d'utilisateurs) et un classement des concurrents.

➜ En général, les fondateurs disent que la plupart des investisseurs ne comprennent pas ou ne s'intéressent pas aux chiffres. Les seuls chiffres qu'ils regardent sont ceux qui concernent la croissance et les recettes. Ils laissent de côté tous les autres. Certains investisseurs ne comprennent pas l'effet de réseau. Certains m'ont dit que les rapports chiffrés mensuels rassuraient les investisseurs, parce qu'ils prouvaient que la startup progressait.

→ Un fondateur très expérimenté disait que la plupart des startups n'essaient pas de résoudre des problèmes. Elles montent quelque chose et regardent ensuite autour d'elles pour savoir si leur produit répond à un problème et si des clients seraient prêts à l'acheter.

→ Un autre fondateur avait lu différents livres qui portaient sur les lean startups. Il m'a dit qu'il avait essayé d'appliquer leurs principes mais que cela n'avait pas fonctionné. Construire-mesurer-apprendre (*build-measure-learn*) ne donne pas de direction générale et ne dit pas quoi faire. Le danger, lorsque l'on prend la mauvaise direction, c'est que ce construire-mesurer-apprendre permet d'optimiser ses actions mais toujours dans la mauvaise direction, et une fois que l'on est sur un chemin, il est presque impossible d'en sortir.

→ Beaucoup des fondateurs m'ont dit qu'ils n'avaient lu aucun livre et qu'ils n'avaient aucune stratégie de startup. Ils se sont juste lancés. Les fondateurs dont c'était la troisième ou quatrième startup ne se posaient même pas la question. Leurs rencontres avec des clients leur avaient donné une idée, qu'ils avaient montée. Certains avaient essayé de s'appuyer sur les chiffres pour développer leur startup, mais sans arriver à voir comment les appliquer.

→ Un autre fondateur est en train de monter une plate-forme. Nous avons parlé lean startup et je lui ai demandé si lui et son équipe connaissaient ce concept. Il m'a répondu que cela ne s'appliquait pas à eux. Si vous montez un outil ou une appli, vous pouvez construire des prototypes, les tester avec des utilisateurs, et obtenir des retours. Mais pour les infrastructures (par exemple, un nouveau langage de programmation), impossible de tester un outil partiel. Les utilisateurs doivent comprendre la technologie et son application avant de pouvoir faire des retours. Seuls les développeurs avancés en sont capables.

➜ Plusieurs fondateurs m'ont dit que dans la manufacture ou dans les appareils médicaux, chaque cycle de production pouvait prendre de six à douze mois et coûtait plusieurs centaines de milliers de dollars, ce qui rendait impossible d'essayer l'appareil et de l'abandonner ensuite. Ils m'ont aussi dit que leurs utilisateurs n'étaient pas en mesure de leur faire des retours significatifs sur les produits complexes. Il faut passer des semaines ou des mois avec plusieurs spécialistes ou experts pour avoir un retour utile.

➜ J'ai demandé aux fondateurs ce qu'ils pensaient des chiffres. Un fondateur, qui avait dix ans d'expérience derrière lui et en était à sa troisième startup financée, m'avoua qu'il n'avait entendu parlé des KPI que six mois auparavant. Plusieurs fondateurs n'utilisaient aucun chiffre. Ils faisaient confiance à leur expérience et à leur instinct.

➜ Un fondateur m'a dit que les chiffres marchaient très bien pour les petits logiciels internet et les téléphones portables, tels que les jeux, parce qu'ils ont rapidement beaucoup d'utilisateurs, ce qui permet de récolter beaucoup de données et de faire des modifications. Le gaming est une vraie usine à chiffres. Vous pouvez avoir des données sur les utilisateurs, le trafic journalier, la fidélisation ou la perte de clientèle, les achats en ligne grâce aux publicités dans les jeux, le revenu par client, etc.

➜ Un autre fondateur m'a dit qu'il utilisait le KPI (pour *Key Performance Indicator*) pour les ventes, mais pas pour le développement. Son équipe avait essayé de développer le KPI afin de pouvoir donner des primes aux bons codeurs ou aux employés qui travaillaient vite, mais ils n'avaient pas réussi à résoudre ce problème.

➜ La plupart des fondateurs novices sont dépassés par tout ce qu'ils doivent apprendre : comment tout lancer, intégrer des co-fondateurs, rencontrer les clients, développer les produits, immatriculer la société, les avocats, le financement, etc. Ils n''ont de temps ni pour les tests ni pour les chiffres.

➔ Plusieurs fondateurs m'ont dit que la plupart des livres sur les startups sont en général écrits par des fondateurs riches et qui ont réussi ("Comment je suis devenu milliardaire en quatre jours" ou ce genre de choses), et que ces livres ne parlent donc pas de ce que représente le lancement d'une startup pour n'importe qui d'autre. La plupart des fondateurs rencontrent beaucoup de contrariétés, de doute et d'isolement.

➔ Au fait, la plupart des fondateurs de moins de 25 ans m'ont dit qu'ils ne lisaient jamais de livre. Jamais. Ils lisent des blogs ou écoutent des podcasts (ce qui veut dire que je mettrai des passages de ce livre sous forme d'articles de blog ou de podcast audio).

➔ J'ai également interviewé des directeurs d'accélérateurs. Selon Founders Space, qui a accueilli plus de 1 300 startups dans de nombreux domaines, il n'y a pas de stratégie générale pour les startups. Chaque startup est unique et rencontre ses propres problèmes à résoudre. Tout dépend de l'équipe, du lieu, de la technologie, du secteur d'activité, etc.

L'idée principale de Blank et Ries est bonne : les startups ne sont pas des mini-entreprises. Les startups sont le moyen de découvrir un business viable. L'idée de "sortir des bureaux", c'est à dire d'apprendre ce que font réellement les clients, est également très bonne. Le reste n'est pas très utile.

Le développement de produit en six points

C'est très simple :

- Interviewez vos clients pour trouver les problèmes qui leur coûtent du temps ou de l'argent (voir chapitre suivant).

- Faites un storyboard du problème et de sa solution.

- Convertissez le storyboard en code.

- Montrez aux investisseurs que les clients ont un problème

et que votre solution leur fera gagner du temps et de l'argent. Ils vous donneront le financement qui vous permettra de construire votre entreprise.

- Une fois le financement en poche, vous immatriculez votre société et vous vous occupez de tous les aspects juridiques.

- Vos clients parleront de votre produit autour d'eux parce qu'il leur fait gagner du temps et de l'argent. Vous vous développez de façon virale.

- Vous passez d'une startup en phase d'amorçage à une startup en phase de lancement où vous vous concentrez sur la façon de développer votre affaire, ce qui veut dire que vous faites du marketing, du commercial, vous trouvez des clients et vous générez des revenus.

Montez une équipe de fondateurs capables d'échanger avec les clients pour découvrir leurs problèmes et développer les produits qui les résoudront.

A éviter

A éviter dans votre startup en phase d'amorçage :

- Réunir une équipe trop nombreuse. Lorsqu'on additionne à la production les équipes marketing et commerciale, les clients et la bureaucratie, tout devient plus difficile à changer. Ces activités demandent du temps et du travail, qui ne sont donc plus consacrés au développement du produit.

- Croître à tout prix. Les investisseurs vous inciteront vivement à grandir. Les startups en phase d'amorçage ont besoin de développer leurs produits, pas de grandir.

- Chercher à tout prix de l'argent. Si vous attirez des investisseurs juste pour pouvoir avoir de l'argent, ils risquent de ne pas avoir les mêmes objectifs que vous. Ils mettront l'accent sur vos revenus et vos utilisateurs, ce qui vous éloignera du développement.

- Confier votre stratégie à des MBA. Ils sont formés au management de grandes compagnies. Ils appliqueront donc ces méthodes à vos startups, oublieux du fait que vous n'êtes probablement que deux ou trois dans votre startup. Parmi ces méthodes, on trouve notamment les profils de clients, le SWOT (pour *Strengths, Weaknesses, Opportunities and Threats*, ou FFOM en français pour Forces, Faiblesse, Opportunités et Menaces), l'analyse de marché, le business développement, le quadrile et le TAM (pour *Total Addressable Market*, ou marché total disponible). Cela vous éloigne de ce que vous devriez être en train de faire et crée une paralysie analytique. Les startups en phase d'amorçage évoluent tellement vite que les stratégies en 60 pages sont obsolètes en une semaine. (Si les investisseurs tiennent vraiment à connaître le TAM, faites une petite recherche sur "revenus 2016 en ____ (insérez votre marché)).

Vous pourrez faire tout cela une fois que vous aurez développé un bon produit. Vous vendrez votre startup pour 10 millions de dollars à une grande entreprise, qui se chargera d'envoyer un CEO et une meute de MBA de l'Ivy League. Quant à vous, utilisez ces 10 millions de dollars pour lancer votre prochaine startup.

➜ De nombreux fondateurs m'ont dit qu'il fallait être capable de développer sa technologie soi-même. C'est la seule façon de vraiment comprendre son marché et son produit. En développant vous-même votre produit, dès le début, vous constaterez les améliorations possibles. Dans certains cas, vous pouvez embaucher des prestataires mais vous devez être capables de comprendre ce qu'ils font. Une startup avait embauché une entreprise prestataire pour réaliser son site, sa plate-forme publicitaire et sa base de données. Trois mois plus tard, la startup n'enregistrait toujours aucune vente. Elle a fait appel à un conseiller en base de données qui a vérifié le code et s'est rendu compte que la base de donnée était fausse. Cette erreur a failli faire couler la startup.

➡ Les fondateurs m'ont aussi dit que les investisseurs demandent souvent si vous êtes capables de développer votre technologie. Un fondateur s'est vu demandé : "Pourquoi êtes-vous l'équipe idéale pour développer cette idée ?" Prouvez que vous avez les connaissances, les compétences et l'expérience pour y parvenir.

Restez fous. Et restez petits.

En plus du slogan de Steve Jobs "Restez fous", je vous conseille de rester petits aussi longtemps que possible. Cela vous permettra de bâtir un meilleur produit.

Maintenir une équipe réduite à quelques personnes vous laisse la possibilité de pivoter rapidement. Je travaille actuellement avec une startup qui a pivoté trois fois en quatre jours.

Au fait, c'est le verbe français "pivoter" qui a donné le mot anglais "*pivot*". Pivoter signifier donner une nouvelle direction à sa startup.

➡ Il est bon de pivoter. Plus votre équipe en apprend sur vos clients et sur le marché, plus vous multiplierez le nombre de bonnes idées. Si vous avez une idée qui vous paraît être meilleure que votre projet, laissez de côté votre projet initial et concentrez-vous sur cette idée. Quant à vos autres bonnes idées, notez-les quelque part et servez-vous en pour votre prochaine startup.

➡ N'ayez pas peur de pivoter. Les startupeurs adorent monter des produits. Certains mettent tout leur temps, toutes leurs émotions et tout leur travail dans un produit et quelques temps plus tard, ils n'acceptent plus aucun retour. Ils arrêtent d'écouter.

➡ C'est un problème courant dans les accélérateurs : beaucoup de startups rejoignent un accélérateur après avoir achevé le développement de leur produit, qui est donc déjà fini. Si ce n'est pas la meilleure idée ou s'il y a des problèmes, elles ne veulent pas en entendre parler et il devient difficile de pivoter. Au tout début du projet, avant même qu'il ait été défini, les possibilités d'évolutions sont infinies. Moins le projet est avancé, plus il a de chances d'être amélioré.

Que construire ?

Les entreprises rechignent à innover ou à entrer en concurrence les unes avec les autres. Il est tellement plus simple de se contenter de vendre un produit qui existe déjà et qui rapporte de l'argent. Les employés n'ont qu'à faire tous les jours la même chose. Tant que le produit rapporte de l'argent ainsi, les entreprises ne changent rien.

En général, les processus sont travaillés jusqu'à ce qu'ils soient simplement fonctionnels. Cela veut dire qu'il y a beaucoup d'inefficacité au sein des entreprises. Si vous découvrez un processus inefficace et qu'il commence à coûter cher à une entreprise, vous pouvez chercher et proposer une solution.

Vous pourriez aussi être disruptif ou monter quelque chose de tout à fait nouveau et extraordinaire, mais c'est difficile et peu probable. Il est plus facile de résoudre des problèmes existants. Les entreprises vous achèteront parce que vous leur faites économiser du temps et de l'argent. Et grâce internet, vous avez accès à un marché mondial.

Y a-t-il un marché pour votre produit ?

Le *product / market fit* (PMF) est une façon bizarre de se demander si le marché achètera le produit.

Vous pouvez faire de la nourriture pour chien que les propriétaires de chien achèteront, mais votre cible, ce ne sont pas les propriétaires. Ce sont les chiens. Ces chiens mangeront-il vos croquettes ?

Cela paraît évident, mais il est courant de monter un produit sans faire de recherches sur le marché. Comme les professionnels de la Silicon Valley sont très intelligents, ils pensent savoir ce dont le marché a besoin. L'état d'esprit qui consiste à dire "Créons un produit et les clients viendront" fonctionne parfois, mais c'est rare. Webvan et Iridium ne sont que deux exemples de faillites qui ont coûté des milliards de dollars.

CBInsight a étudié 101 startups qui avaient échoué et a identifié les principales causes d'échec : l'absence de marché (42 %), le manque d'argent (29 %) et une équipe inadaptée (23 %). Lorsque l'on finit par manquer d'argent, c'est qu'il n'y avait pas de besoin sur le marché, que le produit n'était pas à la hauteur des besoins ou que l'on n'a pas réussi à évoluer.

➜ La plupart des startups ne font pas valider leur businidéeess avant de commencer le développement. Elles sont tellement impatientes de monter une startup qu'elles passent immédiatement au développement. Et au bout six mois de développement, alors qu'elles s'apprêtent à commercialiser leur produit, elles se rendent compte qu'il n'y a pas de marché.

➜ Ne vous lancez pas dans un marché où une seule entreprise pourrait vous faire couler. Les fondateurs m'ont parlé d'entreprises qui avait monté des applications acceptées dans un premier temps par Apple et Google, mais qui, un an plus tard, étaient refusées sans aucune explication. Il peut aussi arriver qu'une grande entreprise sorte une appli gratuite ou ajoute une nouvelle fonctionnalité qui fait exactement ce que vous avez développé. Si votre appli est une bonne idée, d'autres développeurs la copieront à l'identique et la rendront gratuite grâce à la publicité. Dans un autre genre, les grands sites sociaux changent tellement souvent que vous devrez actualiser votre code en permanence.

➜ Un investisseur me disait que les startups ne meurent pas sans raison. Elles sont tuées par leurs fondateurs qui ne travaillent pas assez dur, refusent de tirer des leçons de leurs expériences, ou font des erreurs fatales, telles que construire un produit sans marché.

Startups de fondateurs

Voici quelques autres startups par leurs fondateurs :

- Brienne Ghafourifar, co-fondatrice. Entefy rassemble de façon fluide toutes vos communications, vos recherches et votre stockage sur une seule appli, utilisable sur n'importe quel appareil. Consultez Entefy.com.

- Sandro Groganz, fondateur. Gérez tout votre marketing à l'aide d'un unique outil. Implantée en Allemagne. A la recherche d'investisseurs. Consultez CampaignChain.com

En résumé : que représente cette couverture ?

Je suis allé dans des librairies, des kiosques et des bibliothèques pour regarder des centaines d'images. J'en ai trouvé encore plus sur internet. J'ai examiné les couvertures de livres sur Amazon. Nous avons fait une quinzaine de couvertures différentes pour ce livre.

Nous voulions une couverture qui évoque les startups, mais quelle image nous vient en tête lorsque l'on pense à des startups ? Quelques personnes en train de travailler dans un petit bureau ? Les startups ne se font plus dans des bureaux. Tout le monde travaille de chez soi.

Un dessin de quelqu'un assis devant un ordinateur, un chat sur les genoux ? Mais je risquais de recevoir des tonnes de mails de défenseurs des chiens, des oiseaux, des furets, et même d'un ou deux défenseurs des pieuvres (oui, cela arrive. Une fois, j'ai fait un dessin avec une abeille femelle. Un lecteur en colère m'a écrit pour me dire que c'était du sexisme anti-mâle).

Plusieurs propositions de couverture étaient très professionnelles, un peu façon IBM, mais quand je les ai montrées aux fondateurs âgés d'une vingtaine d'années, ils m'ont répondu qu'elles faisaient un peu couverture IBM.

Qu'est-ce que monter une startup ? C'est se lancer dans un projet que peu de personnes comprennent vraiment, et qui n'arrête pas d'évoluer. C'est une créativité chaotique. Je me suis donc penché sur l'expressionnisme abstrait.

Et ces lettres, alors ? Une startup n'est pas un objet, c'est son produit qui est l'objet. Une startup, ça ne se voit pas, c'est le produit qu'on voit. C'est pour cette raison que les touristes sont déçus quand ils viennent visiter la Silicon Valley : il n'y a rien à voir. Alors j'ai découpé les lettres pour faire des trous.

Que cela vous parle ou pas, passons au chapitre suivant.

6 : Les aspects juridiques

Le reste de ce livre sera consacré aux aspects juridiques, au financement, à la comptabilité, etc.

Je vous conseille de ne faire que le nécessaire et rien de plus. Ne perdez pas trop de temps dans ces formalités. Apprenez plutôt à connaître vos clients et créez un bon produit.

Vous devez avoir réglé les aspects juridiques avant d'être financé. Ce qui signifie qu'il faut donc d'abord chercher un avocat avant de chercher de l'argent (et non l'inverse, comme ce qui se produit la plupart du temps).

Pour résumer ce chapitre en une phrase, vous immatriculez votre société pour pouvoir donner des parts de capital à votre équipe, pour que les investisseurs puissent vous donner de l'argent et que vous puissiez vendre votre entreprise.

Les chiffres de ce chapitre ne sont donnés qu'à titre d'exemples. Toutes les sommes d'argent sont en dollars américains.

Un mot de mon avocat

Ce chapitre ne constitue pas un conseil juridique. Je ne suis pas avocat. Je vous donne simplement un aperçu de tous les points juridiques sur lesquels les fondateurs de startups doivent se pencher. Je décline toute responsabilité pour toute perte ou dégâts, direct ou indirect, et sans limitation. Ces informations peuvent ne pas être correctes, complètes ou à jour. Rapprochez-vous de votre avocat.

Comment choisir un avocat

La première question à se poser est celle du type d'avocat avec qui vous souhaitez travailler. Un avocat d'un grand cabinet, comme Wilson Sonsini ou Fenwick & West, ou un avocat d'un petit cabinet ?

S'offrir les services d'un avocat d'un grand cabinet est toujours plus prestigieux. Ils jouent dans la cour des grands et comptent parmi leurs clients Google, Facebook, etc. Leurs honoraires sont également à la hauteur de leur prestige, et ils peuvent vous facturer 1 000 dollars l'heure ou plus. Vous ne serez suivis par un des avocats associés que lorsque votre startup aura été valorisée à un milliard de dollars. Votre startup actuelle, elle, sera confiée à de jeunes diplômés du barreau.

Les petits cabinets sont plus abordables, mais vous serez accompagnés par des avocats expérimentés. Et dans les cabinets d'un ou deux avocats, ils s'occuperont eux-mêmes de votre startup.

Vous devez absolument trouver un avocat qui travaille déjà avec des startups. Il doit bien connaître les contrats de création de société, d'attribution d'actions, les contrats avec les investisseurs, les contrats d'embauche et tout ce qui touche à la propriété intellectuelle comme que le copyright, les marques et les brevets. Il doit aussi maîtriser la fiscalité.

Un avocat expérimenté a également un vaste réseau composé d'autres avocats, de VC, d'investisseurs, de comptables, ainsi que d'un grand nombre de fondateurs. Je connais des avocats qui accompagnent plus de 120 startups.

Vous ne pouvez pas prendre un avocat spécialisé dans les assurances médicales ou autre. Ils ne connaissent pas le monde des startups. Cherchez un avocat qui comprend ce qu'est une startup en phase d'amorçage.

Presque tous les avocats de la SV vous offriront la première heure de consultation. Assurez-vous donc bien que la première consultation soit gratuite.

Vous pouvez souvent régler les honoraires en actions. L'avocat peut aussi accepter de reporter le règlement, ce qui veut dire que vous pourrez le payer plus tard, quand vous aurez de l'argent. Mais dans ce cas, il est possible qu'il se fasse payer plus cher. Il peut être préférable de régler une petite facture maintenant qu'une grosse facture plus tard.

Comment trouver un avocat ? Comme pour tout dans ce livre, parlez-en à votre réseau. Quelqu'un vous recommandera une personne qu'il apprécie et en qui il a confiance.

➜ Assurez-vous de payer un travail effectif. Un avocat avait invité un fondateur dans son bureau pour prendre un café. Ils ont bavardé pendant une heure. L'avocat lui a envoyé une facture de 400 dollars.

Les avocats qui ne sont pas de la Silicon Valley

Le principal problème avec les avocats qui ne sont pas de la Silicon Valley, c'est leur manque d'expérience avec les startups et la taille limité de leur réseau, pour autant qu'ils en aient un, dans la Silicon Valley. Eux aussi vous feront monter une grande entreprise.

Quel que soit l'endroit du monde où vous vous trouvez, vous pouvez travailler avec des avocats de la Silicon Valley. Ils maîtrisent les textos, les mails et Skype. Ils se lèvent tôt le matin pour avoir l'Europe au téléphone et se couchent tard le soir pour avoir la Chine et l'Inde.

Vous pouvez habiter en Allemagne, en Espagne ou en Chine, et traiter tous les sujets administratifs par mail et Skype. Vous pouvez signer tous vos documents sur internet depuis votre pays. Vos avocats peuvent également vous aider à obtenir vos visas et à vous occuper de vos impôts si vous êtes en France ou en Corée du Sud.

Venez dans la Silicon Valley, rencontrez une ou deux fois votre avocat, et ensuite, échangez par Skype ou par mail.

➜ Plusieurs fondateurs européens m'ont dit avoir été très surpris par les avocats de la SV qu'ils avaient rencontrés. Les avocats européens sont guindés et formels. Les avocats de la SV sont détendus et ouverts.

Faut-il immatriculer sa société ?

Pourquoi immatriculer sa société ? Traditionnellement, c'était pour une question de responsabilité. Si vous vendez des chocolats chauds, qu'une cliente vous en achète un et qu'elle se renverse la tasse sur la tête, elle peut vous intenter un procès.

Si vous avez une voiture, une maison, un chien, et que la cliente gagne, elle aura votre voiture, votre maison et votre chien.

Pour éviter cela, vous immatriculez votre société, ce qui veut dire que vous montez une structure légale qui est propriétaire de votre entreprise de chocolat chaud. Et tout ce que votre cliente pourra avoir, c'est ce que la structure légale possède (un vélo de livraison de chocolat chaud), mais elle ne pourra pas avoir votre maison ou votre chien. La création d'une société met vos biens personnels à l'abri de toute action en justice.

Cependant, ce n'est pas vraiment pertinent pour les startups en phase d'amorçage. Si vous travaillez depuis chez vous, alors aucun visiteur ne se tordra la cheville sur votre parking et se cassera le nez, ou ne se renversera une tasse de chocolat chaud sur la tête. Il y a peu de risques de blessures.

Les startups ont d'autres sources de problèmes, à savoir les investisseurs et les acheteurs. Les investisseurs préfèrent placer leur argent dans une société et non pas dans votre petite tirelire. Les acheteurs achètent des sociétés qui détiennent des droits sur des propriétés intellectuelles. Cela signifie que vous immatriculez votre société pour les investisseurs et les acheteurs.

N'immatriculez pas trop tôt votre société. Vous n'avez pas besoin de l'immatriculer dès le premier jour. Passez plusieurs mois à interviewer vos clients et à développer votre produit. Et lorsque quelqu'un sera prêt à investir, vous pourrez immatriculer votre société en cinq jours.

Vos premiers contrats peuvent être scellés par une poignée de mains. Si vous vous faites confiance les uns les autres, cela suffit. Beaucoup de startups fonctionnent aux poignées de main pendant les premiers mois.

Vous connaissez sans doute l'histoire qui est arrivée à Larry Page et Sergey Brin lorsque Andy Bechtolsheim, co-fondateur de SUN, leur a donné un chèque de 100 000 dollars. Ils n'ont rien pu en faire, parce qu'ils n'avaient encore ni compte bancaire professionnel ni société.

Mais si vous ne vous faites pas entièrement confiance, alors vous devez rédiger un accord écrit. Il arrive que l'équipe se sépare et qu'un des membres continue à développer l'idée, ou qu'un des membres se rende compte qu'il peut aller jusqu'au bout sans vous et vous vole votre idée. C'est ce qui est arrivé à un certain nombre de startups, et notamment à Facebook et à Twitter. Parlez-en à votre avocat et rédigez un accord de base pour protéger votre idée et votre propriété intellectuelle (IP).

Comment immatriculer sa société

S'il s'agit de votre première startup, vous devez travailler avec un avocat. Cela vous fera gagner du temps et vous pourrez rester concentré sur les choses importantes. Une fois que vous aurez créé plusieurs sociétés, vous pourrez le faire vous-même en ligne grâce à des sites comme Nolo ou Clerky, qui ont beaucoup de FAQ.

Il y a quatre types de société, qui ont chacune leur fiscalité propre :

- Une C-Corp (ou corporation générale) : C'est la C-Corporation qui perçoit les revenus et paie les impôts, et non ses propriétaires.

- Une S-Corp : Dans une S-Corp, les revenus passent par la société avant d'être touchés par les propriétaires. Ce n'est donc pas la S-corp qui paie les impôts, mais ses propriétaires. C'est pourquoi les S-corps sont appelées des entités intermédiaires.

- LLC (Limited Liability Company ou Société à responsabilité limitée) : Les LLC sont des S-Corps pour partenaires. Elles offrent également une responsabilité limitée.

- PLLC (Professional limited liability company) : Ce sont des sociétés qui fournissent des services, tels que des cabinets de médecins ou d'avocats.

Vous pouvez immatriculer votre société dans un des 50 états américains de votre choix : en Californie, en Alabama, etc. Mais la plupart des entreprises de la Silicon Valley sont créées dans le Delaware. Les juges des tribunaux des entreprises du Delaware sont des experts reconnus en droit des sociétés. De plus, le droit des sociétés du Delaware est enseigné dans la plupart des écoles de droit, les avocats le connaissent donc bien.

Vous montez une C-Corp dans le Delaware. Choisir un autre état pourrait vous exposer à certains problèmes. Les investisseurs et les acheteurs maîtriseront mal le droit de cet état, et ne se risqueront pas à investir dans votre société.

Tout le monde peut se tromper. Mark Zuckerberg avait immatriculé Facebook en Floride, parce qu'il n'avait aucune idée de tout cela.

Immatriculer sa société avec un avocat coûte entre 1 500 et 2 000. Le faire en ligne ne coûte que 500 dollars mais je vous conseille de travailler avec un avocat. Vous bénéficierez de son expérience ainsi que de son réseau. Les avocats de la SV ont souvent entre 80 et 100 startups comme clients, ce qui leur donne beaucoup de relations : startups, conseils d'administration, conseillers, clients, équipes de fusion-acquisition, banquiers d'investissements et entreprises qui seraient susceptibles d'acheter votre startup. Parlez avec vos conseillers pour trouver un avocat.

Lorsque des investisseurs souhaitent vous financer ou lorsque vous vendez votre entreprise, leurs avocats réclameront des copies des documents et attestations d'immatriculation de votre société. Vous devez en faire plusieurs copies et les garder dans plusieurs endroits différents.

Vous réunissez le conseil d'administration

Lorsque le Delaware aura approuvé votre société, vous en serez notifié. Vous réunirez alors un conseil d'administration (un *board*) avec les directeurs, les personnes qui prendront les décisions au sein de l'entreprise.

C'est un petit point légal technique. Je vous conseille de ne nommer au conseil d'administration que vous et deux co-fondateurs.

D'une certaine façon, une entreprise est un peu comme une personne dans le coma. Cette personne est allongée sur son lit d'hôpital, et ce sont d'autres personnes qui prennent des décisions pour elle. C'est ce que signifie une "corporation" : légalement, il s'agit d'un corps géré par d'autres personnes, c'est à dire par le conseil d'administration.

C'est vous qui décidez des personnes qui siègent au conseil de l'entreprise. En tant que fondateur original, vous êtes le président du conseil d'administration. Vous ajoutez plusieurs autres personnes. Ces personnes peuvent être vos co-fondateurs, vos conseillers seniors, ou des personnes en qui vous avez confiance et qui pourront vous aider à prendre des décisions.

Vous devez être un nombre impair, trois ou cinq par exemple, pour qu'il y ait toujours une majorité dans les prises de décisions. Mais ne dépassez pas cinq personnes : au-delà, c'est trop.

Ne proposez pas à vos amis de faire partie du conseil d'administration. Ne prenez aucune décision sur lesquelles vous devrez revenir à cause d'investisseurs ou d'acheteurs.

Vous pouvez réunir votre conseil d'administration en personne ou par Skype.

Vous devez faire un compte-rendu de votre conseil d'administration. Sur le compte-rendu doivent figurer la date, l'heure, le lieu, les personnes présentes, les sujets traités et les décisions prises.

Votre avocat peut (et je vous recommande qu'il en soit ainsi) assister aux conseils d'administration, mais il ne doit pas pour autant en faire partie.

➡ Assurez-vous qu'au sein de votre conseil d'administration se trouvent des membres qui voteront avec vous, quoi qu'il arrive. Nous avons travaillé avec une startup qui avait été lancée par Jenny et dans laquelle elle s'était investie à 100 % pendant six mois. Elle a ensuite fait venir sa meilleure amie et, croyant bien faire, a divisé son entreprise en 50/50 avec elle. Six mois plus tard, son entreprise était présente partout dans le pays. Le mari de sa meilleure amie, qui travaillait comme commercial en entreprise, a rejoint l'affaire. Jenny a alors divisé son entreprise en 33/33/33. Et ce qui devait arriver arriva. La meilleure amie et son mari ont réuni un conseil d'administration et ont voté l'éviction de Jenny de sa propre entreprise.

Le CA nomme les directeurs de l'entreprise

Le conseil d'administration nomme également les directeurs. Ce sont les personnes qui font le travail quotidien de l'entreprise.

En tant que président du CA, vous vous nommez vous-même CEO. Les autres deviennent les CTO (directeur technique), CFO (directeur financier), etc. Mais ces titres ne veulent pas encore dire grand-chose dans une startup en phase d'amorçage.

Le CA peut être ou non constitué des directeurs.

Le CA crée les parts de capital

L'étape suivante pour le CA est la création des parts de capital de l'entreprise.

Vous décidez du nombre de parts de capital (ou actions) de votre entreprise. Vous pouvez dire qu'il y aura 1 000, 1 million, 10 millions ou 10 milliards d'actions. Ou 342. La plupart du temps, c'est un million, mais c'est à vous de voir.

Vous fixez aussi le prix de l'action. Vous pouvez dire que chaque action sera à 0,01 dollar (un centime), dix centimes, un dollar, là encore, c'est vous qui décidez.

Mais si vous créez un million d'actions à 1 centime l'action, la valeur de votre startup s'élèvera à 10 000 dollars (un million x 0,01 = 10 000 dollars), ce qui veut dire que vous serez imposé sur cette valeur.

Pour réduire les impôts, vous fixez le prix de l'action à 0,0001 dollars (avec trois zéros). La valeur de votre million d'actions est à présent de 100 dollars, vos impôts seront donc moins élevés.

Le prix de votre action à 0,0001 centime est sa valeur nominale (ou valeur faciale).

Pour l'instant, c'est l'entreprise qui détient les actions. Votre CA doit maintenant les répartir.

Le CA répartit les parts de capital

Le conseil d'administration décide du nombre d'actions à donner à chaque personne.

Pendant la rédaction de ce livre, j'ai discuté avec un certain nombre de fondateurs de startups et obtenu plein de réponses différentes. Ce qui suit me paraît être la solution la plus juste. Mais vos co-fondateurs et vous pouvez faire comme bon vous semble.

En général, les startups font une répartition en 80-20, où 80 % des actions reviennent aux fondateurs et 20 % constituent une *option pool* (une réserve d'actions).

Les fondateurs se répartissent de façon égale les 80 % entre eux. Mettons qu'il ait trois fondateurs. Vous pouvez faire toutes sortes de répartitions, telles que 55 % pour vous, 20 % pour Laura et 5 % pour Xiao Ping. Mais les investisseurs demanderont si Laura est quatre fois meilleure que Xiao Ping. Et Xiao Ping et Laura ne risquent-ils pas d'être mécontents de vous voir vous attribuer 55 % ? Si vos co-fondateurs sont importants et que vous travaillez tous autant les uns que les autres, je vous conseille de répartir les parts de façon égale afin que chacun ait un tiers de 80 %, c'est à dire 26,66 %.

Les 20 % de l'option pool sont les options que vous donnerez aux conseillers, aux employés, aux prestataires et autres. Vous pouvez classer vos conseillers en différentes catégories :

*   Les conseillers seniors, qui sont activement impliqués dans la gestion de la startup. Ils peuvent avoir 1 à 2 %.

*   Les conseillers experts, qui ont en général un domaine d'expertise limité à un sujet en particulier (ingénierie, marketing ou autre). Attribuez-leur 0,25 %.

- Les conseillers renommés, des personnalités connues dont vous faites figurer le nom sur votre site pour bénéficier de leur réputation. Vous pouvez leur donner 0,1 % du capital. Si vous créez 10 millions d'actions, 1 % revient à 100 000 actions, alors 0,25 % font 25 000 actions et 0,1 % font 10 000 actions.

Vous pouvez payer vos prestataires en argent ou en actions. Au début, vous pouvez réduire vos dépenses en les payant en actions. Mais cela veut dire que vous pourriez être amenés à les surpayer. Si vous donnez à quelqu'un 10 000 actions pour faire un logo et que vous vendez la compagnie pour 10 millions de dollars, les 10 000 actions vaudront 1 dollar l'action, et votre logo vous aura coûté 10 000 dollars. Vous auriez pu acheter un logo pour moins de 100 dollars.

Le prestataire devrait considérer le paiement reporté comme un investissement dans votre entreprise. Si sa facture s'élève à 5 000 dollars et qu'il accepte des parts de capital, il prend alors un important risque de ne pas être payé, et doit pouvoir espérer un retour sur investissement x 10. Cela signifie qu'il aura 50 000 dollars. Mais si l'entreprise fait faillite, il peut ne rien avoir au final.

Ne donnez pas d'actions à vos amis. Il est très généreux de vouloir donner 100 actions à chacun de vos followers sur votre page Facebook, mais si vous avez plus de 250 actionnaires, vous basculez dans une autre catégorie d'imposition pour la SEC (*Securities and Exchange Commission*). Vous pourriez également avoir à payer un impôt sur les donations à 40 %.

Assurez-vous que les contrats de votre entreprise redistribuent bien aux fondateurs toutes les actions qui n'auraient pas été allouées, au moment de l'exit. Sinon, elles tomberont toutes dans l'escarcelle des VC.

➔ Tous les co-fondateurs doivent connaître la répartition des parts de capital. Si le fondateur a donné 5 % à un des co-fondateurs et 20 % à l'autre et qu'il a gardé cette répartition secrète, cela pourrait finir par se savoir et provoquer des problèmes.

➜ De la même façon, les co-fondateurs (et tout le monde, les conseillers, les employés et les prestataires) doivent connaître le nombre total d'actions et la répartition en pourcentage. 1 000 actions, ça peut paraître beaucoup, mais si l'entreprise en a 10 millions, alors cela ne représente que 0,1 %. Le total est aussi important que le pourcentage. Je vous conseille de mettre tout cela par écrit et de le garder dans un endroit sûr. Certaines entreprises ont menti à leurs employés à ce sujet.

Les actions restreintes et les stock options

Il y a deux types de capitaux :

- Les actions restreintes : Lorsque Rebecca rejoint l'entreprise en tant que co-fondatrice, elle reçoit des actions restreintes. Si ces parts de capital sont "restreintes", c'est parce qu'elles sont soumises à des restrictions, telles que le vesting (une durée d'acquisition des droits) ou l'incessibilité.

- Les stock options : Lorsqu'Olivia rejoint l'entreprise en tant qu'employée, elle reçoit des stock options.

-
  oyons un exemple de chaque :

- Rebecca rejoint la startup en tant que co-fondatrice. Pour faire simple, mettons qu'elle reçoive 10 %. L'entreprise a 10 millions d'actions de capital, elle reçoit donc 1 million d'actions restreintes.

- Rebecca reçoit ses actions à leur valeur nominale.

- La valeur nominale est de 0,0001 dollars par action, ce qui représente 100 dollars (un millions de part x 0,0001 = 100 dollars). Elle donne à l'entreprise un chèque de 100 dollars et l'entreprise lui donne un million d'actions.

- Mais ses actions sont restreintes, ce qui veut dire qu'elles sont soumises à des conditions, comme une période de vesting par exemple. Si elle viole ces conditions, elle perd ses actions.

- Lorsque les co-fondateurs donnent des chèques à votre entreprise, son capital gagne en valeur réelle.

- e peut être une bonne affaire pour Rebecca. Si la startup est vendue à 10 millions, la valeur de l'action atteint 1 dollar. Elle a acheté à 0,0001 dollars une action qui en vaut 1. Ses 100 dollars lui rapportent alors un million. C'est son bonus pour avoir rejoint tôt l'entreprise.

- t les actions pour les employés et les conseillers ?

- Olivia rejoint la startup comme employée. Elle a une option pour acheter 10 000 actions. L'entreprise a 10 millions d'actions donc ses 10 000 actions représentent 0,1 % de l'entreprise.

- Le jour où elle arrive, la valeur de l'action de l'entreprise est à 0,25 dollar, donc son prix d'exercice est de 0,25 dollar. Au fur et à mesure que l'entreprise a plus d'investisseurs et que ses recettes augmentent, sa valorisation augmente aussi. Les stock options d'Olivia prennent de la valeur. Ses actions passent de 0,25 à 2 dollars. Sa part du capital vaut maintenant 20 000 dollars.

- Mais Olivia a des options pour acheter des actions, ce qui signifie qu'elle ne les détient pas encore. En "exerçant ses options", elle achète sa part du capital. Elle achète à 0,25 dollar des actions qui en valent 2. Si elle exerce toutes ses options, elle paie 500 dollars et en reçoit 20 000 en retour.

- Les actions restreintes ainsi que les stock options sont soumis à une période de vesting. Cela signifie que les actions que l'on vous a allouées ne vous sont définitivement acquises qu'au bout d'un certain laps de temps (un mois, un trimestre ou autre).

Pourquoi les startups utilisent-elles le vesting ?

Les actions restreintes des co-fondateurs comme les stock options des employés et des conseillers sont soumises à une période de vesting. Voyons voir ce que cela veut dire.

Les startups se servent du vesting pour s'assurer que l'équipe continue à travailler. Si une startup donne à Olivia 100 % de ses actions dès son premier jour de travail, celle-ci se rendra vite compte qu'elle n'a plus besoin de travailler. Il en va de même avec un employé : si vous l'embauchez et que vous lui donnez 100 % de son salaire annuel dès son premier jour, il n'aurait aucune raison de revenir travailler le lendemain.

C'est pour cela que dans l'entreprise, tout le monde, c'est à dire aussi bien les fondateurs et l'équipe que les conseillers, a une période de vesting.

Par exemple, une période de vesting peut consister en la libération de 25 % des actions à la fin d'une première échéance d'un an, suivie de la libération du reste des actions avec un échelonnement mensuel ou trimestriel.

Les périodes de vesting peuvent courir sur un, deux, quatre ans, ou plus. En général, dans la Silicon Valley, elles courent sur quatre ans. Tous les autres modèles sont possibles, comme des périodes d'un an, mais aucun investisseur n'acceptera de période de vesting d'un an.

Ils veulent tous un vesting sur quatre ans parce qu'ils veulent vous lier à l'entreprise pendant quatre ans.

L'échelonnement du vesting peut être mensuel ou trimestriel. Dans l'exemple suivant, nous prendrons des échelonnement mensuels.

Rebecca, co-fondatrice, a des actions restreintes. Son plan de vesting est de 25 % après une première échéance d'un an et du reste de ses actions sur les trois années suivantes. Sa période de vesting court donc sur quatre ans. Mettons qu'elle rejoigne l'entreprise en tant que co-fondatrice le premier septembre 2016. Le jour de son vesting, un an calendaire complet plus tard, tombera donc le 2 septembre 2017. Lorsqu'elle a rejoint l'entreprise, elle a acheté ses actions, qui lui appartiennent donc déjà. Le 2 septembre 2017, elle reçoit 25 % de ses actions.

Si l'échelonnement est mensuel, alors le dernier jour de chaque mois après son jour de vesting, elle reçoit un peu plus de ses actions. Douze mois multipliés par trois ans font 36 mois, donc tous les mois, elle touche 1 / 36 ème des actions qu'il lui reste. 750 000 actions divisées par 36 mois font 20 833 actions par an.

Olivia, employée, a des stock options. Celles-ci sont soumises au même plan de vesting : 25 % des actions à la fin de la première année puis le reste sur les trois années suivantes. Elle rejoint l'équipe en tant qu'employée le 1er septembre 2016, donc son jour de vesting est un an calendaire plus tard, soit le 2 septembre 2017. Ce jour-là, elle peut exercer son option (utiliser ses droits) d'acheter 25 % de ses actions au prix nominal, ou elle peut décider d'exercer son option plus tard et ne pas toucher à ses actions pour l'instant. Elle donne au comptable de l'entreprise un chèque de 625 dollars accompagné d'un reçu pour ses 2 500 actions. Elle peut garder ses actions ou demander à l'agent de change de son entreprise de les vendre pour elle.

Le dernier jour de chaque mois qui suit son jour de vesting, elle peut décider d'acheter un peu des 75 % de stock-options qui lui restent. Douze mois multipliés par trois ans font 36 mois, donc chaque mois, elle peut acheter 1 / 36 ème de ses actions, 7 500 actions divisées par 36 mois donc 208 actions par mois.

Olivia peut payer tous les mois. Elle peut aussi partir au bout de quatre ans et avoir un temps supplémentaire pour exercer ses options (acheter ses actions). Certaines entreprises accordent 90 jours, d'autres peuvent donner plusieurs années. Plus ce temps supplémentaire est long, plus c'est intéressant pour Olivia.

Les stock options d'Olivia ont une date d'expiration. Si elles expirent au bout de 5 ans, alors elle doit acheter ses parts dans les 5 ans après la fin de son vesting ou elle perd le droit d'acheter ses options.

Quelques années plus tard, Emily rejoint l'entreprise en tant qu'employée et reçoit 1 000 actions à une valeur nominale de 10 dollars l'action. L'action grimpe jusqu'à 20 dollars. Si elle achète ses parts, elle devra payer 100 000 dollars (10 000 parts x 10 dollars de valeur nominale). Mais si elle ne dispose pas de cet argent, l'agent de change de son entreprise vend d'abord ses actions pour 200 000 dollars puis déduit ses 100 000 dollars et lui donne les 100 000 dollars qui lui restent (moins les impôts). Cela lui permet d'exercer ses options sans avancer d'argent.

Le formulaire "83B Election"

Lorsque votre startup se développe, elle gagne en valorisation, et vos actions de fondateurs prennent plus de valeur. Vous devenez plus riche, ce qui veut dire que vous devez payer plus d'impôts. Mais comme vous n'avez pas encore vendu votre entreprise, vous êtes riche en théorie seulement et vous n'avez pas de quoi payer les impôts.

Si votre startup est immatriculée aux États-Unis, vous pouvez éviter de payer des impôts en remplissant un formulaire intitulé le "83B election". C'est une lettre que vous envoyez au service des impôts dans les trente jours qui suivent le moment où vous acquérez vos actions. Envoyez cette lettre en recommandé avec accusé de réception pour avoir une preuve de cet envoi. Votre avocat vous aidera à accomplir cette formalité.

Si votre startup se trouve dans un autre pays, vous devez vous renseigner sur la fiscalité de votre pays. Parlez-en avec un avocat fiscaliste qui a de l'expérience dans les startups.

Et les salaires des fondateurs ?

Au début, il n'y a pas d'argent, donc pas de salaire. Lorsque vous commencerez à avoir des investisseurs, vos co-fondateurs pourront toucher un début de salaire. Il sera généralement bas.

Le but, c'est l'exit, où vous pouvez gagner des millions de dollars.

Pourquoi les fondateurs touchent-ils de telles récompenses ? Parce qu'ils prennent d'énormes risques. Ils travaillent très dur pendant plusieurs années sans rien avoir en retour. Ils font aussi tout le travail créatif et innovant sans toucher le moindre centime. Ce ne sont pas de simples employés.

Trigger simple et trigger double

Un trigger (ou fait déclencheur) est un événement qui fait jouer une clause légale. Par exemple, si l'entreprise est vendue, alors la période de vesting de Laura est accélérée et elle touche 100 % de ses actions tout de suite. Les faits déclencheurs peuvent être la cession de l'entreprise, une introduction en bourse, ou alors le fait de quitter l'entreprise involontairement (après un licenciement) ou volontairement (après une démission).

Si l'événement est la cession de l'entreprise, alors il s'agit d'une accélération suite à un fait déclencheur simple. Laura est récompensée de sa contribution au succès de l'entreprise.

Cependant, l'acheteur peut acheter l'entreprise et se débarrasser des personnes dont il ne veut pas. Ce sont deux faits (l'achat et le licenciement), qui donneront lieu à une accélération suite à deux faits déclencheurs. L'entreprise est vendue et Laura est renvoyée au cours d'une période définie, par exemple entre 9 et 24 mois après la vente. Si elle est licenciée au cours de cette période qui suit la vente, elle jouira de la totalité de ses actions. Ainsi, elle est protégée des VC.

Il peut aussi y avoir une période de pre-closing (*pre-closing window*) (par exemple entre 3 et 6 mois avant la vente) au cours de laquelle les licenciements anticipés seront bloqués. Lorsqu'une entreprise sait qu'elle sera vendue, les VC peuvent vouloir commencer à licencier les personnes plus tôt pour récupérer leurs actions.

Ces faits déclencheurs doivent couvrir aussi bien les co-fondateurs que les conseillers. Et lorsque vous embauchez des employés, eux aussi doivent être couverts par des faits déclencheurs doubles.

Les scénarios catastrophes

Leurs causes sont nombreuses. Des personnes clés démissionnent, vous ne comprenez pas les clients, la startup ne tient pas ses promesses, un concurrent développe un produit plus abouti que le vôtre, les investisseurs refusent de continuer à vous financer, l'économie s'effondre. L'entreprise fait faillite et vos actions ne valent plus rien.

Les brevets, les copyrights et les marques déposées

Votre propriété intellectuelle englobe les brevets, les copyrights, les marques déposées, etc.

Au début, comme il est possible que vous pivotiez plusieurs fois ou même que vous abandonniez votre idée, il est préférable d'attendre d'avoir un produit abouti.

Lorsque vous avez une idée, vous pouvez déposer un brevet provisoire. C'est une sorte de protection temporaire de votre idée. Il vous en coûtera à partir de 65 dollars et la démarche est simple à faire. Vous avez ensuite un an pour décider si vous voulez déposer un brevet.

Votre avocat peut vous accompagner dans cette formalité ou vous mettre en relation avec un avocat spécialisé en brevets.

Aux États-Unis, un brevet coûte environ 5 000 dollars. Mais certaines avocats vous feront payer plus cher. Ne payez pas plus cher.

Vous pouvez aussi envisager de déposer un brevet dans d'autres pays. Votre avocat peut vous recommander un avocat spécialisé en brevets étrangers.

Les documents et contrats juridiques

Les contrats avec des phrases telles que *La partie telle que désignée dans le paragraphe sus-mentionné* sont prétentieux. Si vous ne comprenez pas vos contrats, renvoyez-les et demandez qu'on vous les traduise en langage courant. Par chance, les jeunes avocats préfèrent eux aussi un langage clair.

Vous pouvez trouver des modèles gratuits de contrats sur des sites tels que LegalZoom, Nolo et Clerky.

Enfin, un contrat ne vaut pas grand-chose. N'importe quel avocat vous dira qu'un contrat de 100 pages ne vaut rien si la personne d'en face veut vous attaquer. Si vous ne faites pas confiance à cette personne, ne faites pas affaires avec elle.

Les startups par leurs fondateurs

Voici quelques autres startups racontées par leurs fondateurs :

- Joseph Biley, fondateur. Est en train de monter l'accélérateur de la Côte d'Ivoire, en Afrique de l'Ouest, pour lancer la nouvelle génération d'entrepreneurs et de fondateurs en Afrique. A la recherche de financement. Consultez WeDevGroup.com.

- Rahul Aggarwal et Varun Aggarwal, co-fondateurs. Designhill est un des principaux marchés de graphisme en ligne qui aide les commerces à trouver des designers graphiques de qualité à des prix abordables. Avec plus de 37 000 designers graphistes enregistrés, Designhill a aidé des milliers de commerces à sous-traiter leurs besoins en graphisme. Constultez DesignHill.com.

En résumé

Vous devez en savoir suffisamment sur tous les aspects juridiques pour ne pas faire d'erreurs. La meilleure solution est de trouver un avocat expérimenté qui sera de votre côté. Demandez aux fondateurs qui ont monté plusieurs startups de vous recommander un bon avocat.

7 : Le financement

Penchons-nous à présent sur les investisseurs et le financement. Nous allons donc parler d'argent.

Ce chapitre est un des plus longs de ce livre parce qu'il traite de quelque chose dont personne ne veut parler. L'argent est un des thèmes les plus centraux de la société moderne mais c'est aussi un des sujets les plus tabous. Le financement est une partie importante de la Silicon Valley, et pourtant, l'on ignore souvent qui sont les Venture Capitalists *(VC* ou investisseurs en capital-risque), d'où vient leur argent, et comment ils travaillent. Penchons-nous sur les implications du financement pour votre startup.

D'abord, avez-vous vraiment besoin d'argent ?

Beaucoup pensent qu'une startup doit lever des fonds. Bénéficier de financements vous procure certains avantages :

* Le financement vous permet d'avoir une croissance plus rapide. Vous pouvez passer plusieurs années à croître lentement ou prendre des vitamines et avoir une croissance accélérée.

* Vous pouvez payer vos factures, votre loyer et vos courses.

* La validation. Si quelqu'un investit dans votre startup, d'autres vont penser que votre startup est une bonne idée. En un sens, il s'agit d'une sorte de validation, mais en y regardant de plus près, l'on se rend compte que ce n'est pas vraiment le cas. Les VC investissent dans beaucoup d'entreprises pour des raisons aussi nombreuses que diverses (parce que c'est un bon projet, parce qu'ils parient sur plusieurs projets en même temps, parce qu'ils ne savent pas ce qu'ils font, etc). Votre véritable caution, ce

sera vos clients qui vous la donneront.

- L'expérience et les réseaux. Comme l'investisseur souhaite voir votre entreprise se développer, il vous fera bénéficier de ses réseaux et de son expérience.

Mais le financement soulève également un certain nombre de problèmes :

- Comme les investisseurs vous confient leur argent, ils veulent garder un œil dessus et se mettent à vous surveiller. Ils vous fixeront des objectifs et des échéances.

- Vous avez cinq investisseurs ? Vous avez cinq patrons. Ils vous diront quoi faire. Quelques investisseurs insisteront pour placer dans votre startup des membres de leur famille, plus ou moins qualifiés.

- Comme les investisseurs veulent gagner de l'argent, ils vous pousseront à faire des ventes, ce qui signifie que vous devrez développer des stratégies marketing et commerciales, embaucher des équipes pour les mettre en oeuvre, lancer des campagnes, trouver des bureaux, etc. Et ce faisant, vous ne développerez pas votre produit.

- Plus vous levez d'argent, moins vous serez propriétaire de votre startup et moins vous toucherez quand vous la vendrez.

- Lorsque l'on dispose de trop d'argent, l'on a tendance à résoudre ses problèmes par l'argent. C'est ce que font beaucoup de startups jusqu'à ce qu'elles n'aient plus d'argent.

Si vous n'avez pas besoin de fonds, n'en levez pas.

Les petites startups doivent résoudre des problèmes. C'est quand elle n'ont pas d'argent qu'elles deviennent créatives. Quand Google ne se résumait encore qu'à quelques personnes et un compte en banque vide, ils ont dû construire leurs serveurs. Ils ont acheté des ordinateurs bas de gamme et ont utilisé Linux, qui est gratuit.

Lorsque vous aurez réussi votre première startup et que vous aurez gagné un peu d'argent, vous pourrez financer vos propres projets.

➜ Plusieurs fondateurs ont monté leur entreprise sans aucun financement. Cela veut dire qu'ils ne subissaient aucune pression de la part d'investisseurs pour croître et rapporter plus l'argent.

Des économies de fourmi

Pendant les premiers mois de votre startup, vous approfondissez votre idée. Ce qui veut dire que vous n'avez rien à montrer aux investisseurs (donc pas de possibilité de recevoir de l'argent) et vous n'avez rien à vendre non plus (toujours pas de possibilité d'avoir de l'argent).

Cela signifie que vous devrez être aussi économe que possible. Chaque dollar que vous économisez est autant de fonds propres que vous ne dépensez pas. Dépensez aussi peu que possible.

- Si vous êtes jeune, vous pouvez habiter chez vos parents. Si vous avez un conjoint, il ou elle peut vous aider pendant quelques temps.

- Prenez les logiciels gratuits. Microsoft et Google vous donneront à peu près tout gratuitement.

- N'immatriculez pas votre société, n'embauchez pas d'avocats ou de comptables. Vous ferez cela plus tard, quand vous aurez de l'argent. Pour l'instant, vous pouvez rédiger un simple accord entre les membres de votre équipe.

- Payer les factures de la startup en actions est une fausse bonne idée, puisqu'au final, vous surpayez. Au lieu de payer 100 dollars aujourd'hui, vous payerez 1 000 dollars demain. Payez toujours dès que possible, et aussi peu que possible.

- Si vous devez engager des dépenses avant que votre société ne soit immatriculée, considérez-les comme des prêts à votre entreprise. Tous les membres de la startup doivent garder tous les reçus de transport, de repas, de fournitures, de frais, etc. Quand vous aurez levé des fonds, vous pourrez être remboursé.

- Interviewez vos clients. Développez votre idée. Travaillez avec vos conseillers. Lorsque vous aurez un business model viable, vous pourrez lever des fonds et passer à l'étape suivante.

➜ Dépensez aussi peu que possible. Plus vous avez d'argent, plus vous avez de choix, plus vous avez de *runway*, et plus vous pourrez pivoter. Et comme vous n'aurez pas un besoin urgent d'argent, vous ne serez pas prêt à accepter n'importe quelles conditions.

➜ Il y a plusieurs années, un certain nombre d'investisseurs avaient dépensé des millions de dollars pour financer des startups en Inde. Comme celles-ci avaient de l'argent, elles ont monté des startups traditionnelles avec de grosses infrastructures, beaucoup d'employés, et se sont focalisées sur la croissance et les revenus. Quelques années plus tard, elles avaient disparu.

En Inde comme sur d'autres marchés similaires, vous devez commencer petit, voir ce qui marche et surmonter les erreurs pour pouvoir construire des entreprises durables.

➜ Beaucoup de fondateurs ont à peine 20 ans et sont revenus chez leurs parents après leurs études. C'est une très bonne façon d'avoir aussi peu de dépenses que possible pendant la phase d'amorçage. Vous avez aussi un gros avantage sur vos concurrents. Le simple fait d'avoir des bureaux peut coûter entre 3 000 et 5 000 dollars par mois

➜ Plusieurs fondateurs ont de la famille qui possède des bureaux. Ils ont donc pu y installer les leurs. Cela leur permet d'avoir le moins de dépenses possible.

Investissement ou emprunt ?

L'on me demande souvent si un investissement doit se rembourser.

Si vous empruntez de l'argent à une banque, vous remboursez le prêt et vous payez des intérêts. Si vous empruntez 100 000 dollars à un taux annuel de 10 % d'intérêts, alors vous remboursez 100 000 dollars (le prêt) et 10 000 dollars (les intérêts) un an plus tard.

Un investissement est un pari sur la réussite de votre projet. Si votre projet échoue, vous ne remboursez rien. L'investisseur sait qu'il peut perdre son argent.

Comme l'investisseur prend un risque (une perte d'argent), il demande un important retour sur investissement.

Si l'investissement est une réussite, vous remboursez l'investissement plus un multiple, par exemple x 5 ou x 10. Si le multiple est x 5, alors vous remboursez 100 000 dollars plus cinq fois ce montant (500 000 dollars).

Certains investisseurs ont eu un retour sur investissement x 30 000. Aucun autre secteur d'activités n'offre ce genre de retour sur investissement (du moins, pas légalement). C'est pour cela que partout dans le monde, les personnes qui ont de l'argent s'intéressent à la Silicon Valley.

Et que se passe-t-il si vous perdez cet argent ? Si vous avez mal travaillé et mal géré l'argent, les investisseurs seront peut-être furieux, refuseront de vous parler et préviendront leurs amis. Si vous avez bien travaillé mais que malgré cela, ça n'a pas marché, ils comprendront, et beaucoup d'entre eux investiront dans votre prochain projet.

Seuls quelques projets réussissent. Beaucoup de personnes disent : "L'échec n'est pas envisageable", mais dans la Silicon Valley, l'échec est plus que probable. Et comme, en cas de succès, la rentabilité est impressionnante, il y aura toujours des personnes pour continuer à essayer.

Assurez-vous que vos investisseurs comprennent bien que leur investissement est risqué et que vous ferez de votre mieux.

Et si vous n'êtes pas dans la Silicon Valley ?

En Europe, en Amérique du Sud, en Chine et sur la côte Est des États-Unis (New York, Chicago etc), les investisseurs sont conservateurs et évitent de prendre des risques. Ils veulent voir un produit, des utilisateurs, des ventes et des recettes avant d'investir. C'est plus sûr pour eux, mais ils ont moins d'opportunités. Ils ont tendance à regarder la réalité factuelle et non le potentiel.

➔ Dans de nombreux pays, on constate un manque généralisé d'expérience et de connaissance quant à l'investissement dans les startups. Les investisseurs préfèrent investire dans des secteurs qu'ils connaissent et qu'ils comprennent, comme l'immobilier. Et quand ils investissent, c'est avec de petites sommes.

➔ Plusieurs fondateurs européens m'ont dit qu'un investisseur suédois n'investira jamais dans une startup suédoise implantée à Stockholm. Mais si cette même startup suédoise ouvre un bureau à Palo Alto, elle passe alors dans le club des startups de la Silicon Valley et l'investisseur acceptera de la financer. Comme les investisseurs européens et chinois veulent investir dans la Silicon Valley, l'argent d'Asie, d'Europe et d'Amérique du Sud se retrouve dans la Silicon Valley.

➔ Un des problèmes que l'on retrouve également avec les investisseurs étrangers à la Silicon Valley, c'est leur attitude envers la jeunesse. Dans de nombreux pays, les investisseurs insisteront pour que les jeunes gens de 21 ans qui constituent l'équipe fondatrice acceptent un "adulte" comme co-fondateur. Mais l'état d'esprit de la startup risque d'en être affecté.

Il est plus facile de lever les fonds dans la Silicon Valley parce qu'il s'y trouve plus d'investisseurs et qu'ils ont plus d'expérience avec les startups.

Quelques statistiques

Voici quelques chiffres moyens dans une société de capital-risque classique :

4 000 propositions sont étudiées chaque année

400 startups sont contactées par téléphone pour parler de leur projet (durée de l'appel : 30 mn)

100 sont reçues en rendez-vous (durée du rendez-vous : 1 heure)

20 sont financées

Environ 15 startups de la SV produisent 95 % de l'ensemble des retours sur investissement de la Silicon Valley.

Il est très difficile d'obtenir les vrais chiffres, mais ils se situent dans ces eaux-là.

Lors d'une journée de travail classique, les employés d'une société de capital-risque étudient peut-être 20 propositions, font passer cinq entretiens téléphoniques et ont deux rendez-vous.

Les types de financement

Il existe de nombreuses façons de financer votre startup. En voici quelques-unes :

- L'auto-financement. Votre équipe et vous-même prenez en charge les dépenses. Vous avez des petits boulots, vous travaillez sur des projets ou vous vivez de vos économies.

- Certains des fondateurs ont déjà une première ou une deuxième startup en activité qui produisent des revenus et leur permettent de vivre.

- Les allocations chômage : Certaines villes aux États-Unis accordent des bourses aux chômeurs qui souhaitent créer leur entreprise. Un des fondateurs s'en est servi pour lancer sa startup.

- Les revenus : Certaines startups commencent à rapporter de l'argent très tôt et peuvent donc vivre grâce aux revenus qu'elles génèrent.

- La famille et les amis : Les conjoints, les parents, la famille élargie, les amis, les associations d'anciens élèves, les églises, les associations, les collègues ou les conseillers financent le projet.

- Le crowdfunding (ou financement participatif) : Des personnes financent les projets qu'elles trouvent intéressants. Il existe de nombreuses plate-formes, telles que Kikstarter ou Indiegogo. Un des fondateurs est passé par l'un de ces sites. Il faut avoir un marketing social très développé pour que cela fonctionne, c'est donc un des rares cas dans lesquels vous devrez faire du marketing tout en créant votre startup en phase d'amorçage.

- Les concours de startups : Les entreprises et les gouvernements organisent des concours de startups.

Beaucoup offrent des récompenses substantielles. J'ai rencontré plusieurs fondateurs qui ont reçu 50 000 ou 100 000 dollars.

- Les accélérateurs : Certains accélérateurs vous donnent de l'argent. Y-Combinator donne 130 000 dollars à chaque startup.

- Les bourses gouvernementales : Nombreux sont les villes, les états et les gouvernements à investir dans des startups pour créer des emplois (qui, à terme, rapportent plus d'impôts).

- Les universités : Un certain nombre d'universités financent également les startups de leurs étudiants. Il existe aussi des groupes d'investissements pour les alumni de Stanford, Berkeley, MIT, Yale, Harvard et autres.

- L'investissement d'entreprise (ou *corporate*) : Les grandes entreprises investissent dans des startups évoluant dans leur secteur d'activité, dans l'espoir de trouver des projets qu'ils pourront acquérir.

- Les business angels : Ce sont des personnes qui ont gagné de l'argent, par exemple dans les biotechnologies, et qui sont prêtes à investir dans ce même domaine parce qu'elles le connaissent bien.

- Les venture capitalists : Les VC lèvent des fonds auprès de grands investisseurs (compagnies d'assurance, grandes entreprises, fondations familiales, gouvernements, fonds de dotation, universités et autres) et investissent cet argent dans les startups.

Si votre startup a rapporté un bon retour sur investissement à vos investisseurs, ceux-ci seront plus enclins à financer votre prochaine startup. Un de mes amis, qui venait de vendre sa startup, a réussi a lever 2 millions de dollars pour sa startup suivante en leur présentant simplement une bonne idée.

➡ Un des fondateurs en est à sa troisième (ou quatrième ?) startup. Il n'a pas besoin de lever de fonds auprès d'investisseurs. Grâce aux relations qu'il s'est forgées tout au long de son chemin, il trouvera des amis dans de grandes entreprises qui achèteront sa startup.

➡ Si vous montez une startup à but non lucratif, il est peu probable que vous trouviez des investisseurs. Mais vous pouvez toujours avoir des donateurs. Le crowdfunding est une autre possibilité.

➡ Vous pouvez aussi trouver du financement via Angel List (angel.co). Visez des investissements entre 5 000 et 10 000 dollars, parce que vous aurez davantage d'investisseurs et pourrez bénéficier de leurs conseils et de leurs réseaux. Les startups qui ont beaucoup de business angels trouvent facilement d'autres business angels, grâce aux réseaux de ceux-ci.

➡ Les bourses universitaires et gouvernementales peuvent finir par être problématiques. Dans certains secteurs d'activités et dans certains pays, les bourses ont tendance à se multiplier. Les startups courent alors le risque de cumuler bourse sur bourse et de ne jamais se lancer. Elles doivent affronter la réalité. Certaines startups doivent mourir. C'est comme les étudiants qui obtiennent diplôme sur diplôme, et qui, au final, ne travaillent pas.

Le terme business angels (ou simplement *angels* en anglais) désigne de riches mécènes qui finançaient les pièces de théâtre à Broadway à New York au début du XX ème siècle.

Quelques mots sur les sociétés de capital risque (les VC firms)

Une société de capital risque est en général constituée de 5 à 10 GP (*General Partners*) et de capitaux. Les GP recherchent de nouveaux contrats et commanditent les *due diligences*. Il y a aussi des associés, des associés juniors, des analystes et des stagiaires.

Il existe environ 800 sociétés de capital-risque aux États-Unis mais seules 400 sont actives. Une centaine d'entre elles sont implantées dans la Silicon Valley. Ce sont elles qui lèvent la plupart des fonds. Pour en savoir plus, rapprochez-vous du National Venture Capital Group (NVCA).

De nombreuses sociétés de capital-risque sont sur Sand Hill Road, une longue rue qui se trouve entre Palo Alto et l'autoroute 280, bordée de petits immeubles de bureaux.

Chaque VC s'occupe de 4 à 6 startups, selon l'étape où se trouve son fonds à 10 ans. Lorsque le fonds de financement est en début de cycle, le VC travaille avec de nombreuses startups. Au fur et à mesure que le fonds vieillit (et que certaines startups font faillite), il passera plus de temps avec un plus petit nombre de startups pour préparer leur exit. Les VC sont aussi en contact avec leurs LP (*Limited Partners*, leurs investisseurs), d'autres co-investisseurs, des co-fondateurs, des clients, etc. Ils rencontrent également les médias pour promouvoir les startups.

Les VC sont classés en fonction de leurs retours sur investissement. Plus leurs retours sur investissement sont élevés, plus ils grimpent dans le classement. Il existe des classements pour les sociétés de capital-risque ainsi que pour les GP. Une société de capital-risque mal classée sera souvent plus encline à investir, soit par désespoir, soit par méconnaissance.

Au cours de ces dix dernières années, les fonds des VC sont

devenus plus importants, leurs investissements ont donc également augmenté. Les VC se sont donc progressivement désintéressés des startups en phase d'amorçage pour se concentrer sur les startups en phase avancée. Par conséquent, les business angels et les accélérateurs se sont mis à financer les startups en phase d'amorçage. Une nouvelle classe de micro-VC est apparue. Il y a environ 225 micro-VC (dont la moitié se trouve dans la Silicon Valley) qui proposent des investissements allant de 25 000 à 500 000 dollars.

➜ Ne prêtez pas attention aux classements des VC. Votre mission est d'utiliser ces fonds pour monter votre startup.

➜ Les VC ne résolvent pas les problèmes que rencontre votre startup. C'est à vous de trouver quels sont ses problèmes et de les résoudre vous-même. La seule chose que vous apportent les VC, c'est de l'argent pour accélérer votre startup.

Comment rencontrer des investisseurs

Il y a deux façons de rencontrer des investisseurs : sur recommandation (*warm calls*) ou de façon spontanée (*cold calls*).

- Un *cold call*, c'est quand vous appelez quelqu'un que vous ne connaissez pas. Entre lui et vous n'existe aucun lien.

- Un *warm call*, c'est quand vous êtes présenté à quelqu'un par un ami commun. Celui-ci dit à l'autre personne qu'il vous connaît et qu'il vous fait confiance. L'autre personne vous rencontrera alors pour rendre service à son ami.

Votre but est d'obtenir un premier rendez-vous. Si chacun des deux côtés y trouve son intérêt, d'autres rendez-vous suivront.

Vous vous souvenez de ce que Reid Hoffman disait des relations ? Il disait qu'il ne parlait qu'avec des personnes qui avaient un lien avec lui. Beaucoup de VC et de business angels n'étudient les propositions que si elles viennent d'amis en qui ils ont confiance.

Alors regardez si dans vos amis, dans votre famille, parmi vos collègues, se trouvent des personnes qui pourraient en connaître d'autres. Lorsque vous rencontrez de potentiels co-fondateurs et conseillers, demandez-leur qui ils connaissent.

➜ Vous allez faire beaucoup de rencontres. En général, il faut 100 rencontres (5 par jour) par centaine de milliers de dollars levés. Vous progresserez et apprendrez vite à raconter ce que vous faites.

➜ Si vous avez une bonne équipe et une bonne idée, les gens en parleront autour d'eux. Les conseillers, les directeurs des grands incubateurs et les professeurs d'écoles de commerce sont constamment consultés par les investisseurs et les VC pour savoir s'ils connaissent de bonnes startups.

➜ Les VC de la Silicon Valley disent qu'il est inutile que les startups envoient des propositions spontanées, parce que celles-ci ne sont jamais étudiées. Mais dans d'autres pays, les VC sont moins occupés, et cela peut donc marcher. C'est ce qu'a fait un des fondateurs. Il a envoyé des propositions à 35 sociétés de capital risque de son pays. Il a décroché 16 rendez-vous. Trois ont dit oui et deux ont finalement investi près d'1,5 millions de dollars. Cela lui a pris 9 mois. Essayez de faire la même chose dans votre pays.

➜ Un fondateur se servait des réseaux sociaux pour tenir ses contacts informés de ce qu'il faisait, et se faisait contacter par les investisseurs par ce biais-ci.

➜ Et il y a les amis d'amis. Quelqu'un avait raconté à un de ses amis que son frère était en train de monter une startup Cet ami en a parlé à un autre ami, qui connaissait quelqu'un qui collectionnait des voitures. Ce dernier a investi dans l'affaire. D'où l'importance d'avoir vraiment avoir un bon grandmother pitch pour que l'on puisse facilement raconter ce que vous faites.

Certaines personnes se font appeler VC et proposent des financements d'un million de dollars en échange de quelques 15 000 dollars de frais de dossiers. Ce sont de faux VC.

Qu'est-ce qu'un pitch ?

Le mot *pitch* vient du base-ball et se réfère au pitcheur, à celui qui lance la balle au batteur. Lorsque vous expliquez votre projet à un investisseur, vous pitchez.

Un *pitch event* est une conférence à laquelle cinq ou dix startups sont invitées à pitcher devant un public d'investisseurs. Il y a des pitch events tous les jours dans la Silicon Valley.

Un jury, composé de trois à six VC et investisseurs, est assis au premier rang. En général, vous avez la parole pendant 2 à 4 minutes, puis pendant les trois minutes suivantes, vous répondez aux questions du jury. Ou alors vous avez trois minutes pour pitcher et trois minutes pour répondre aux questions. Le pitch peut aussi durer trente minutes.

Vous pouvez être amenés à payer entre 10 et 50 dollars, pour les frais d'organisation et le buffet, mais ne payez pas 500 dollars.

Allez à autant de pitch events que possible. Faites bien attention aux questions que l'on vous pose. Une fois le pitch event fini, vous pouvez échanger avec les investisseurs et leur parler de votre projet.

➜ Un des fondateurs, implanté depuis des années dans la Silicon Valley, me disait que selon lui, les pitchs events relevaient plus du spectacle et que ce n'étaient pas vraiment les bons endroits pour réfléchir sérieusement à des investissements. Il disait que les primo-fondateurs ont tout intérêt à aller à ces pitch events pour gagner en expérience et améliorer leur pitch deck. Ne vous attendez pas à ce qu'on vous propose immédiatement de vous financer et ne soyez pas déçus.

➜ La qualité des investisseurs dépend de la qualité du pitch event. Les meilleurs events attirent les meilleurs investisseurs. Mais de toutes façons, pitchez où vous pouvez, pour vous entraîner. Pitchez aussi souvent que possible. Vous gagnerez en confiance et en assurance.

Au sujet de votre pitch deck

Voici quelques idées de pitch deck :

- Faites un pitch deck de 10 pages. N'allez pas au-delà de 12 pages. Si vous pouvez le faire en 3 slides, c'est encore mieux. J'ai vu des startupeurs essayer de présenter des pitch decks de 60 pages et qui se faisaient couper avant d'arriver au cœur du sujet.

- Chaque slide doit traiter d'une seule idée. Et pas plus de trois bullet points par page. Les bullets points doivent être courts.

- Le pitch deck doit être un Powerpoint qui s'ouvre aussi bien sous Windows qu'Apple.

- Faites relire votre pitch par quelqu'un armé de bonnes qualités rédactionnelles. Votre deck doit faire professionnel. Les titres, les polices, les couleurs et le format doivent être cohérents. L'orthographe, la grammaire et les majuscules doivent être impeccables.

- Numérotez vos slides afin de pouvoir plus facilement vous y référer.

- Il ne faut pas lire les slides à votre public, mais les commenter.

Gardez une copie de votre pitch deck sur une clé usb accrochée à votre jeu de clés, une autre sur votre téléphone et mettez en une dans votre cloud pour l'avoir toujours à portée de main.

Le pitch deck, page par page

Idée clé : Penchons-nous sur chaque page de votre pitch deck.

- Slide 1 : La page-titre. Le nom de votre entreprise, son logo, une ligne de description de son activité, la date (par exemple mai 2017) et votre public.

- Slide 2 : L'équipe fondatrice. Les noms des fondateurs, leurs titres, leurs diplômes universitaires, leurs expériences, leurs domaines d'expertise et des photos de qualité professionnelle. Vous pouvez aussi y faire figurer vos conseillers.

- Slide 3 : L'opportunité de marché : Quel est le volume (en dollars américains) de votre opportunité de marché par pays, état ou ville. Par exemple, 1 milliard aux États-Unis, 300 millions en Californie ou 25 millions à Palo Alto.

- Slide 4 : Exposez le problème : Comment cela affecte-t-il vos utilisateurs ? Combien ce problème fait-il perdre à l'utilisateur en terme de temps ou d'argent ?

- Slide 5 : Le produit : Comment votre produit, votre technologie ou votre service résoudra-t-il le problème ? Mettez des photos ou des captures d'écran.

- Slide 6 : Les concurrents : Qui sont les principaux acteurs de ce marché ? En quoi votre produit est-il meilleur que celui de vos concurrents ?

- Slide 7 : Le business model : Comment votre affaire rapportera-t-elle de l'argent ?

- Slide 8 : Vue d'ensemble financière : Une simple projection financière sur 5 ans.

- Slide 9 : La question (*the ask*): Combien d'argent avez-vous levé jusqu'à présent ? Qui a investi ? De combien d'argent avez-vous besoin ? Demandez de l'argent.

- Slide 10 : Vos coordonnées : Votre nom, votre mail, votre numéro de portable, votre site et votre adresse postale.

Vous pouvez sauter les slides 7 et 8. Dites simplement que les questions d'argent seront résolues plus tard.

Vous pouvez télécharger un exemple de pitch deck sur la page internet de ce livre. Prenez-le, modifiez-le et allez pitcher.

➔La "question" (la slide 9) fait l'objet de beaucoup de débats. Certains vous diront qu'il faut demander de l'argent. D'autres vous diront que ce n'est pas à vous de demander de l'argent, et que si des investisseurs sont intéressés, ils proposeront d'eux-mêmes un rendez-vous pour parler financement. Le fait de demander ou pas un financement dépend de votre secteur d'activité, de votre pays, etc. Parlez-en à vos conseillers.

Le pitch

Lorsque vous pitchez, vous démontrez à vos investisseurs qu'ils gagneront de l'argent grâce à vous. Prouvez que vous avez rassemblé une équipe à la hauteur du travail qui vous attend et qui sera capable de résoudre les problèmes. Montrez que vous avez interviewé des clients, identifié un problème, et que vous avez une solution.

Le pitch est une offre commerciale, pas un entretien d'embauche. C'est au CEO de la startup de pitcher. Les investisseurs seront attentifs à l'idée mais ils vont aussi regarder si vous avez le charisme d'un leader et assez d'assurance pour mener à bien votre projet.

Discutez de votre idée avec votre équipe et vos conseillers jusqu'à ce que tout, jusqu'aux moindres détails, soit clair pour vous. Assurez-vous de bien comprendre tous les principes du financement tels que les obligations convertibles ou la dilution. Sinon, les investisseurs verront que vous vous êtes mal préparé.

Certaines personnes vous poseront des questions auxquelles vous ne pourrez pas répondre. Écrivez cette question quelque part, dites-leur que vous l'étudierez et envoyez-leur une réponse par mail dans les 24 heures qui suivent.

➜ Par exemple, un jour, un investisseur a demandé combien pesait un mètre cube de neige. Comme cela dépend de l'humidité, vous devez être capable de donner une fourchette (entre 10 et 30 kg) (et être capable de le convertir en mètres cubes, en livres, en degrés Celsius et en degrés Fahrenheit).

➜ N'allez pas seul aux pitch events. Faites-vous accompagner par un de vos co-fondateurs qui prendra des notes. Écrivez quelque part toutes les objections et essayez d'y répondre. Si possible, filmez l'event.

➜Allez à des pitch events pour voir comment pitchent les autres fondateurs. Vous verrez le fossé qui sépare les bons pitchs des mauvais. Dans une startup, il nous est arrivé de répéter 15 fois le pitch. Prenez un coach pour pitch si vous le pouvez.

➜Demandez à vos conseillers et à vos professeurs s'ils ont des pitch events à vous conseiller.

Les rendez-vous

Lorsque des investisseurs vous rencontrent, ils vont évaluer votre capacité à diriger une startup. Soyez enthousiaste et sûr de vous. Ayez une poignée de main ferme et regardez votre interlocuteur dans les yeux. Soyez prêt à parler de votre projet.

Renseignez-vous sur la personne que vous allez rencontrer et sur son entreprise. Sachez qui ils sont, ce qu'ils peuvent faire pour vous, ce que vous voulez obtenir d'eux et ce que vous pouvez faire pour eux.

Soyez prêt à dire quels chiffres (tels que l'entonnoir de prospection, les revenus, les abonnements, etc) sont importants pour votre projet et comment vous allez les obtenir.

Soyez prudent avec les chiffres tels que les abonnements, les utilisateurs, les likes, les mentions sur les réseaux sociaux et autres. Ils ne comptent pas vraiment et sont faciles à truquer.

Comment les investisseurs vous évaluent pendant les pitch events

Les jurys et les investisseurs ont plusieurs façons de vous juger.

Ils peuvent se servir d'un questionnaire, qui couvre les thèmes suivants :

- **L'opportunité de marché :** Quelle est la taille du marché ? Quel est le TAM (Marché total disponible) ? Quel est le business model ? Quelle est le potentiel retour sur investissement ? Quelle sera l'exit la plus probable ?

- **La technologie :** Quelle est votre technologie ? Quel est l'avantage de ce que vous avez inventé ? Qu'est-ce qui vous différencie de vos principaux concurrents ?

- **L'équipe :** Les qualifications, les connaissances, l'expérience, les postes précédents de votre équipe. Êtes-vous capables de réaliser ce projet ? Pourrez-vous résoudre les problèmes qui apparaîtront ?

- **Capacité de présentation :** Apparaissez-vous confiant, bien formé et professionnel ? Serez-vous capable de diriger une équipe, de parler à des investisseurs et de vendre votre produit à vos clients ?

Vous pouvez modifier votre pitch deck pour qu'il couvre ces points.

Parfois, les jurys n'ont pas de questionnaire. Ils se basent sur leur expérience et leurs centres d'intérêts pour vous poser des questions. Je vous conseille d'aller à autant de pitch events que possible et de regarder le genre de questions qu'ils posent.

➜ Les fondateurs s'accordent à dire que pitcher est toujours un moment intense. Un fondateur m'a confié qu'avec son équipe, il leur est arrivé de pitcher parfois jusqu'à 7 fois par jour en ne dormant que 2 heures par nuit mais ils s'amusaient beaucoup parce qu'ils réussissaient à lever des fonds pour leur startup. Si vous êtes enthousiaste, les investisseurs le sentiront et voudront vous rejoindre.

➜ Mais les pitchs events peuvent avoir quelque chose de très frustrant si les investisseurs ne vous écoutent pas, sont sur leur téléphone ou ne vous regardent pas.

➜ Si un investisseur vient de la finance ou de l'ingénierie, il regardera les chiffres. Si vous avez fait des recherches sur un sujet et que vous présentez un chiffre, il vous mettra au défi de citer votre source. Lorsque vous agrémentez votre présentation de chiffres, soyez prêt à citer des sources qui font autorité.

Soyez toujours prêts à pitcher

Il est 7 h du matin, vous faites la queue chez Starbucks pour votre macchiato et la femme qui est juste à côté de vous, en polaire Quechua et en jogging, vous demande : "Que faites-vous ?".

C'est peut-être un VC qui cherche des startups. Ou alors quelqu'un qui cherche à faire passer le temps.

Soyez toujours prêt à dire : "Nous faisons des dossiers médicaux" ou "Je viens chercher mon café".

Soyez prêt à faire une présentation de 30 minutes en 2 minutes. Soyez prêt à pitcher même sans vos slides.

➜ Lors d'un pitch event, le vidéo-projecteur est tombé en panne. Rares furent ceux qui ont été capables de pitcher sans leurs slides.

➜ Lors d'un autre pitch event, une des startups attendue n'est jamais venue. Le VC a proposé à une startup du public de pitcher.

➜ Deux membres d'une startup coréenne étaient à San Francisco pour trouver des clients et des investisseurs. Dans la queue dans un restaurant de burgers, ils engagent la conversation avec une autre cliente. Elle se rend compte qu'ils montent un produit qui pourrait être très utile pour un de mes clients. Elle m'envoie un texto. Je lui demande s'ils peuvent être à Palo Alto 45 minutes plus tard. Ils arrivent au bureau. Je les rencontre dans le hall et les fais entrer dans une réunion avec douze personnes. Je leur dis : "Allez-y, montrez-nous ce que vous avez". Trente minutes plus tard, nous leur disons : "Bon, et à partir de quand pourra-t-on s'en servir ?"

Les questions bêtes

Parfois, il est évident que les investisseurs n'ont absolument pas regardé votre documentation. Ils peuvent aussi vous interrompre pour vous demander quelque chose qui n'a aucun rapport avec ce que vous êtes en train de dire. Certains posent des questions éloignées du sujet principal ou qui frôlent l'absurde. Une fois, un investisseur a demandé : "Avez-vous pensé à une API en java et si non, pourquoi ?" Certains investisseurs sont agressifs et vous vous demanderez si c'est pour eux une façon de tester votre confiance en vous ou si c'est juste de l'arrogance. Et parfois, des investisseurs sans aucune mauvaise intention ridiculiseront votre idée en une seule question.

Certains investisseurs seront sensibles à votre apparence générale. D'autres aiment poser des questions difficiles de façon agressive ou vous provoquer pour voir quelle sera votre réaction. Et parmi eux, il y en a aussi qui font ça parce qu'ils ne savent pas vraiment quoi poser comme question.

Sachez que la plupart du temps, les investisseurs ne préparent pas les rendez-vous. Vous travaillez sur votre superbe Powerpoint pendant 72 heures d'affilée, vous l'envoyez, vous arrivez au rendez-vous, et la première question que vous posera l'investisseur, c'est dans quel secteur se situe votre startup.

Quand ils disent oui

Plusieurs raisons peuvent les amener à dire oui :

Les investisseurs Graham et Dodd : Ces deux professeurs de l'école de commerce de Columbia ont mis au point toute une liste de critères pour évaluer les investissements nationaux basés sur les chiffres et la valeur. Les investisseurs qui prennent leurs décisions sur ce genre de critères sont appelés les "*Graham and Dodd investors*".

- L'investissement raisonné, ou *wise investing* : Les VC se fondent sur leur expérience et leur bon sens pour décider d'investir.

- L'investissement stratégique : Les VC investissent dans un projet parce que cela pourra leur servir pour un autre projet, ou parce qu'ils veulent barrer le chemin à un concurrent.

- L'investissement moutonnier : Ils investissent dans un certain secteur parce que tout le monde se rue dans celui-ci. Ils suivent donc le troupeau. C'est aussi ce que l'on appelle l'investissement FOMO (*Fear Of Missing Out*, par peur de manquer une opportunité).

Il faut six à neuf mois de rendez-vous avant d'avoir un oui. Et souvent, vous devrez apprendre à votre investisseur ce qu'est une opportunité commerciale.

➜ Un des fondateurs disait qu'il avait partagé en toute transparence des informations sur le produit, le marché et les données avec des investisseurs parce qu'il pensait que les investisseurs étaient capables de sentir si vous cachiez quelque chose ou pas. Il voulait aussi trouver des investisseurs qui seraient transparents avec lui. La plupart des fondateurs m'ont dit qu'ils étaient transparents avec leurs investisseurs.

➜ Plusieurs fondateurs m'ont dit qu'ils avaient élaboré des tableaux financiers compliqués pour leur première startup, mais que les investisseurs ne les avaient pas regardés. En outre, comme tout est en constante évolutions, ces tableaux sont vite obsolètes.

Quand ils disent non

Les raisons qui les amènent à dire non sont diverses :

- Vous n'avez pas été assez clair sur le fait que vous aviez la bonne équipe, que vous aviez trouvé un problème à résoudre ou que cela rapporterait de l'argent. Re-visionnez la vidéo de votre présentation et regardez les visages des investisseurs pour voir à quel moment ils ne vous ont pas compris.

- L'investisseur n'est pas intéressé, il veut faire quelque chose d'autre ou cela ne correspond pas à son secteur d'activité ou à sa stratégie.

- L'investisseur est juste là pour regarder. Il est en train de se renseigner sur le marché, il n'est peut-être pas prêt à investir ou il aime simplement se sentir important.

- Si vous trouvez que les VC sont durs avec vous, c'est qu'ils s'amusent. Quand ils se retrouvent devant leurs investisseurs institutionnels, c'est eux qui sont dans leurs petits souliers.

Comme je l'expliquais plus haut, ce n'est pas parce que

quelqu'un investit dans votre projet que votre projet est validé. Et ce n'est pas parce quelqu'un refuse d'investir dans votre projet que votre idée est mauvaise. Le vrai test, c'est si vos clients utilisent votre produit.

Pandora a eu 88 refus. Aujourd'hui, cette société vaut 3 milliards de dollars. Menlo Ventures a dit non à Facebook. OVP Venture a dit non à Amazon. Warren Buffet a dit non à Intel. Venrock a dit non à Xerox, à Tande et à Compaq. ARCH Venture Partners a dit non à Netscape et Canaan Partners a dit non à Juniper. Kleiner-Perkins a dit non à VMWare. Tim Drape a dit non à Google et à Facebook. Nolan Bushnell a refusé d'acheter 33 % d'Apple pour 50 000 dollars (qui vaudraient 400 milliards de dollars aujourd'hui).

Quand lever des fonds ?

La plupart des startups commencent à chercher de l'argent dès le premier jour. Les fondateurs cherchent quelqu'un pour payer les frais de création d'une entreprise. Ils cherchent aussi quelqu'un pour payer leurs courses et leur loyer.

Cela engendre deux problèmes. D'abord, il est très difficile de lever des fonds sans business viable. Vous passerez la moitié de votre temps ou plus à discuter avec des investisseurs.

Le deuxième problème est pire. Admettons que vous ayez de l'argent. Comme l'investisseur veut un retour sur son investissement, vous aurez soudain un patron sur le dos qui vous dira d'arrêter de perdre du temps à rencontrer les clients et de commencer à gagner de l'argent. Votre équipe deviendra un service marketing et commercial qui n'aura qu'un produit moyen à proposer. Toutes les semaines, vous devrez dire combien vous avez gagné et comment vous allez faire pour gagner plus. Vous bâclerez votre produit et ferez faillite.

Si vous commencez par trouver quels problèmes rencontrent vos clients et mettre au point une solution, vous aurez alors un business model et vous aurez plus de facilité à lever des fonds.

La question (the ask) : quelle somme lever ?

Alors combien d'argent demander ? Parlez avec vos conseillez, estimez votre runway, vos coûts, ajoutez une petite marge de sécurité et arrondissez le tout au chiffre supérieur.

Je me permets d'insister sur le mot "estimez". Vous pourriez faire un tableau et additionner des colonnes de chiffres, mais la réalité sera forcément différente. Quelle sera votre runway alors que vous allez probablement pivoter quatre ou cinq fois au cours de ces six prochains mois ?

➜ Ne surestimez pas. Un jour, un ami m'a parlé de son projet. C'était quelque chose d'assez facile à monter et il n'avait besoin que de 200 000 dollars. Il m'a dit vouloir lever 100 millions. Il ne faut pas prendre les investisseurs pour des imbéciles. Ils ont entendu des centaines de propositions et ont une bonne idée de ce dont chacun a besoin. Ils penseront que cette personne n'a aucune idée de ce qu'elle fait. Faites une estimation et parlez-en avec vos conseillers.

Je vous conseille de ne pas lever trop de fonds. Lever des fonds dont on n'aura pas besoin, c'est beaucoup de travail pour rien. Mais surtout, c'est accorder une participation encore plus importante à vos investisseurs dans votre entreprise. Levez juste ce dont vous avez besoin et ne donnez qu'aussi peu que possible.

➜ Combien ? Si vous n'avez besoin que de 200 000 dollars et que vous demandez cette somme, personne ne vous prendra au sérieux. C'est trop faible. Demandez 500 000 dollars. Dans une de nos startups, nous avions estimé nos besoins à 250 000 dollars, alors nous avons levé 500 000 dollars et gardé le reste en cas de problème. Plus tard, nous avons rendu leur argent aux investisseurs.

En anglais, cette question s'appelle *the ask*. Les investisseurs vous demanderont donc : "What's the ask?"

Votre runway

Cette dernière partie est consacrée au runway. Il s'agit du temps dont dispose votre startup avant de devoir lever des fonds ou de faire faillite. *Runway* signifie piste d'envol. Un avion a besoin de 13 000 pieds pour décoller (soit 4 000 mètres ou 2,5 miles).

Admettons que votre startup en phase d'amorçage ait besoin de 12 mois pour prendre son envol et commencer à gagner de l'argent. Votre runway est donc de 12 mois.

N'attendez pas d'arriver à la fin de votre runway pour vous rendre compte que vous avez besoin de plus d'argent. Déterminez votre runway, vos dépenses mensuelles (loyer, alimentation, etc) et tout ce dont vous avez besoin d'autre, et arrondissez un peu au-dessus. Levez assez d'argent pour aller jusqu'à la fin de votre runway.

Des chèques, des obligations convertibles, un SAFE (Simple Agreement for Future Equity) ou des espèces ?

Outre les chèques, il y a d'autres types de financement :

- Les obligations convertibles : Au lieu de faire un emprunt, vous émettez des obligations convertibles. L'investisseur prête de l'argent à la startup. Lorsque l'obligation arrive à échéance (par exemple, un an plus tard), l'investisseur convertit ses obligations en actions, sans les intérêts.

- Le SAFE de YC : T-Combinator a développé le SAFE (Simple Agreement for Future Equity) pour remplacer l'obligation convertible. Le SAFE est une façon de donner de l'argent sans créer de dettes. Pour en savoir plus, allez sur ycombinator.com/documents/#safe

- Des espèces : Une fois, une investisseuse nous a dit qu'elle était d'accord pour nous financer à hauteur de 50 000 dollars. Elle avait l'argent dans un sac. Nous avons compté les billets, nous lui avons donné un reçu et nous sommes allés tous les quatre les mettre à la banque.

Parlez-en avec vos conseillers et vos avocats.

Les écueils avec les investisseurs

Vos intérêts et ceux de l'investisseur sont différents. Un investisseur injectera de l'argent dans 30 ou 40 entreprises dont la plupart feront faillite. Quand il voit qu'une entreprise est en train de couler, il sort de son capital pour pouvoir consacrer du temps et de l'argent à d'autres entreprises qui lui paraîtront en meilleure santé. Si votre entreprise n'est pas en bonne santé, il partira. Lui s'occupe de plusieurs dizaines autres entreprises, vous n'en avez qu'une seule.

Certains VC méconnaissent profondément leur sujet mais partent du principe qu'ils ont toujours raison. Vous vous exposez alors à de vaines et interminables discussions.

Les VC sont également agressifs les uns envers les autres. Et lorsque cela arrive, ce sont les startups qui en pâtissent.

→ Certains fondateurs m'ont dit que les investisseurs, la plupart du temps, n'avaient pas expliqué pourquoi ils avaient dit non ou pourquoi ils n'avaient pas aimé le projet.

Une due diligence sur vous

Avant que les VC ne décident d'investir dans votre projet, ils commanditent une *due diligence* sur vous (une sorte d'enquête de personnalité exhaustive). Cela signifie qu'ils feront des recherches sur votre passé.

Ils font appel à des sociétés de due diligence qui vont étudier votre solvabilité, vos diplômes et vos études, votre carrière, vos anciennes adresses, votre casier judiciaire, etc. Ces sociétés contacteront également vos co-fondateurs, vos conseillers et d'autres personnes pour leur demander de parler de votre passé, de vos compétences techniques, de votre style de travail, de votre personnalité, de vos réseaux et de vos projets d'avenir. Ils demanderont à vos co-fondateurs s'ils vous connaissent bien.

Le niveau de due diligence peut aller d'un rapport digne d'un service secret à un "OK". Certains investisseurs feront appel à des sociétés, d'autres regarderont votre page Facebook et d'autres encore se contenteront de suivre l'avis du principal investisseur.

➜ Un certain nombre de fondateurs m'ont dit que les investisseurs et les due diligence étudiaient le business plan et la personnalité du fondateur mais laissaient de côté les aspects techniques. Ils disaient que certains investisseurs n'avaient pas regardé une seule ligne de code.

➜ Certains VC comprennent les chiffres et vous en feront longuement parler. Mais si votre startup est en croissance rapide et qu'un VC vous assomme de questions auxquelles il vous faudrait trop de temps pour répondre, mettez un peu de distance entre lui et vous ou choisissez un autre investisseur.

Les due diligences se concluent par un rapport d'une vingtaine de pages sur vous.

Une due diligence sur vos VC

Vous aussi, menez des due diligences sur vos investisseurs. Lorsque plusieurs milliards de dollars sont à la clé, on peut avoir beaucoup de raisons de mentir. Examinez le site de votre investisseur, son blog, ses pages Twitter, Facebook et LinkedIn. Je vous conseille de faire une recherche sur lui sur Crunchbase et Angel.co. S'il dit être diplômé de Harvard, regardez s'il est vraiment allé à Harvard.

Vous pouvez faire appel aux mêmes sociétés de due diligence

pour faire des recherches sur les VC. Une due diligence sur un VC coûte environ 3 000 dollars. Vous saurez tout sur ses autres contrats, ses conflits d'intérêts, ses arrestations pour fraude, son bannissement à vie de Wall Street, sa vie privée.

Lorsque vous commencez à discuter avec des investisseurs, demandez à vos relations s'ils le connaissent. Parlez de lui avec vos conseillers. Vérifiez ce qu'on dit de lui sur les forums pour fondateurs.

➜ Les fondateurs devraient tous faire des due diligence sur leurs principaux investisseurs. Demandez à votre investisseur de vous décrire sa méthode de travail avec les startups. Je vous conseille d'entrer en contact avec les startups dans lesquelles il a investi. Demandez s'il a aidé ou s'il a gêné, la valeur qu'il a ajoutée, quels sont ses réseaux et quels types de conseils il a donné. Les fondateurs qui cherchent à tout prix à être financés peuvent se retrouver avec le mauvais genre d'investisseurs parce qu'ils seraient prêts à prendre n'importe qui sans vérification préalable.

Les business models

On vous demandera aussi quel est votre business model, c'est à dire comment vous comptez gagner de l'argent. Il existe différentes façons de procéder :

- Les revenus publicitaires : Vous placez des annonces sur votre site et vous gagnez de l'argent à chaque fois que des visiteurs cliquent sur les liens. Beaucoup de sites médias et d'applis permettent de faire cela.

- L'affiliation : Vous proposez des produits venant d'autres entreprises et quand quelqu'un en achète, vous touchez un pourcentage.

- Les abonnements : Les personnes s'inscrivent à des abonnements mensuels ou annuels. Cela fonctionne pour les magazines, les journaux et les logiciels.

- Les ventes : Vous vendez votre produit.

Mais pour l'instant, vous êtes toujours en train d'essayer de voir si votre idée peut devenir une entreprise. Plus tard, lorsque vous commencerez à vendre vos produits, vous pourrez essayer différents business models.

Votre avantage sur les VC

Des milliers d'investisseurs et de VC ont une chose en commun : trop d'argent. Et ils veulent tous la même chose : plus d'argent.

De votre côté, vous avez la capacité à réunir une équipe compétente et à trouver de bonnes idées.

C'est cela qui vous donne l'avantage. Ils ont besoin de vous, mais vous pouvez toujours aller voir d'autres investisseurs. Des personnes comme elles, il y en a plein. Des personnes comme vous, il y en a peu.

Ce que les VC veulent vraiment

La meilleure façon de traiter avec les VC est de comprendre ce dont ils ont vraiment besoin. Les VC montent des fonds d'une durée de vie de 10 ans. Ils investissent dans des startups pendant les six premières années. Comme la plupart des startups échouent, ils ont besoin d'avoir entre 20 et 24 startups, ce qui veut dire qu'ils doivent trouver une nouvelle startup tous les trimestres pendant six ans.

Un nouveau fonds d'investissement est en quête de nouveaux contrats. Les VC investissent dans ce qu'ils connaissent. Si vous faites de la biotech, n'allez pas chercher d'investisseurs qui sont dans la fintech. Si vous correspondez à leur secteur d'activité (la biotech, l'IA, ou autre) et que vous avez une bonne équipe, vous résoudrez leurs problèmes et ils investiront dans votre startup.

Au début d'un cycle de fonds, les VC ont beaucoup d'argent, ils sont donc plus susceptibles de prendre des décisions à l'instinct. Quelques années plus tard, ils n'ont plus besoin que d'un petit nombre de contrats supplémentaires et commencent donc à évaluer de façon plus précise les startups. Regardez l'historique des fonds des VC. S'ils sont en début de cycle, vous avez plus de chance de vous faire financer.

La rémunération des VC

Il est également utile de comprendre comment les VC gagnent de l'argent.

Un VC annonce la création d'un nouveau fonds de 100 millions de dollars.

Ce sera un fonds à 10 ans. S'il le crée en 2017, il le gérera pendant 10 ans et il le réalisera en 2027.

Il lui donne un nom, comme un chiffre romain, par exemple Fonds IV.

- Il lève les sommes destinées à constituer le fonds. Il démarche ses amis de fraternité ou les anciens élèves des écoles de commerce d'Harvard, de Stanford ou de Wharton qui gèrent l'argent de grands fonds de mutualité, des fonds de pensions, des fonds de dotation des universités, des fonds souverains (comme ceux de la Norvège ou d'Arabie Saoudite), des fonds de gestion de patrimoine, d'association caritatives et autres groupes à plusieurs milliards de dollars.

- Comme le droit fiscal impose aux VC de mettre de leur propre argent dans leurs fonds, il en met 1 %, ce qui, dans ce cas, représente 1 million de dollars.

- Le VC a un double pourcentage de rémunération, à 2 % et à 20 %. Il touche d'abord 2 % au titre des frais de gestion, donc pour son fonds de 100 millions de dollars, on parle de 2 millions. Il vivra sur cette somme pendant toute la durée du fonds.

- Si tout se passe bien et que le fonds rembourse ses investisseurs, le VC touche 20 % de la plus-value. Ces 20 % sont appelés le *carried interest*.si le fonds rapporte 400 millions de dollars, alors 100 millions de dollars sont remboursés et la plus-value est de 300 millions de dollars . Il touche donc 20 % de ce profit, soit 60 millions de dollars. Cela signifie que ce qui intéresse vraiment le CV, c'est le carried interest.

- Plus votre startup aura de bureaux et d'employés, meilleure sera la réputation du VC. Celui-ci vous poussera à embaucher de nouvelles personnes. Y compris, parfois, des personnes de son propre entourage.

Si vous comprenez bien le mécanisme de fonctionnement des sociétés de capital-risque, vous serez mieux à même de faire affaire avec elle. Si vous êtes à la recherche de 500 000 dollars et que votre startup pourra être vendue pour 100 millions de dollars, n'essayez pas d'entrer en tractation avec un fonds de capital-risque de 300 millions de dollars. Ils ont promis à leurs souscripteurs 4 fois leur mise de départ, soit 1,2 milliards de dollars, ils sont donc à la recherche de licornes. Si vous avez une exit à 100 millions de dollars, le VC touchera 20 millions, soit seulement 2 % de leur objectif global de 1,2 milliards de dollars. 100 millions de dollars, c'est une grosse somme pour vous, mais c'est une goutte d'eau pour les VC. Trouvez un fonds de capital-risque qui corresponde à votre business model.

Il y aurait de nombreuses autres choses à ajouter sur les VC, mais ces quelques points vous permettent déjà de bien comprendre leur fonctionnement.

D'où l'expression "carried interest" vient-elle ? Et pourquoi est-il de 20 % ? En 1 500 avant J-C, les Phéniciens avaient une immense flotte de commerce en méditerranée qui transportait des olives, du blé, du vin, du bois et autres produits entre la Turquie et l'Espagne. Lorsque vous envoyiez 10 tonnes d'olives de Grèce en Espagne, ils vous facturaient 20 % pour le transport, donc ils avaient 20 % de la cargaison, ce qui veut dire que leur part était de 2 tonnes d'olives. Les sociétés de capital-risque de la Silicon Valley reproduisent un business model vieux de 3 500 ans.

Mais la seule crainte des Phéniciens était de croiser un monstre des mers. Les VC, eux, craignent surtout la clause de clawback de leurs investisseurs. Si le montant du carried interest est atteint au cours de l'année 5 mais qu'il y a une perte au cours de l'année 6, les souscripteurs font jouer la clause de claw-back pour reprendre leur argent. Le VC doit donc rendre l'argent qu'il a gagné l'année précédente. Si la clause de claw back est supportée par les partners de la société de capital-risque, ils doivent couvrir le VC perdant. Cela peut très mal finir : il arrive que des VC doivent vendre leur maison pour payer le clawback.

Interrogez les VC

Ne vous contentez pas de répondre aux questions des VC. Posez-en également.

- Investissez-vous dans des entreprises similaires ? Si oui, cela veut dire qu'ils financent vos concurrents. Et ils leur communiqueront tout ce qu'ils auront appris chez vous.

- Comment choisissez-vous vos investissements ?

- Pouvez-vous me montrer la liste de vos investissements de ces 10 dernières années ? (Lorsque vous aurez cette liste, discutez-en avec eux).

- Quels ont été les résultats de ces investissements ?

- A quels conseils d'administration siégez-vous ?

- Que faites-vous au quotidien pour vos startups ? Apportez-vous des conseils, des références, des clients, des employés et des prestataires ? Pouvez-vous me donner des exemples ?

- Pourquoi seriez-vous un bon investisseur pour notre entreprise ?

Le contrat d'investissement donnera au VC beaucoup de pouvoirs sur vous, alors assurez-vous de bien comprendre comment celui-ci travaille. Ne vous fiez pas aux promesses. Appelez toutes les entreprises dans lesquelles il a investi et écoutez ce qu'elles ont à vous dire. Cherchez des startups qu'il n'a pas mises sur sa liste. Appelez-les aussi.

Y-Combinator a révolutionné le monde des VC. Avant YC, les VC étant les seules sources de financement, ils étaient tout-puissants. Mais depuis que YC propose également des services, les VC se sont rendu compte qu'ils devaient développer leur accompagnement.

Certains investisseurs vous demanderont de siéger au conseil d'administration de votre entreprise, soit pour garder un œil sur leur précieux argent, soit parce qu'ils pensent pouvoir vous aider à gérer votre affaire. Assurez-vous qu'ils offrent une contribution bien réelle et pas seulement financière. Avoir de l'argent, c'est bien, mais avoir quelqu'un capable de vous conseiller sur le plan stratégique, c'est mieux.

➜ Un fondateur a mis sur son site toute une liste de questions, que vous pouvez retrouver sur goo.gl/9174U3.

Smart money et dumb money

Parmi les concepts typiques à la Silicon Valley se trouve celui du "smart money" et du "dumb money" :

- Le "*smart money*"désigne un investisseur qui propose, en plus de ses fonds, son expérience et ses réseaux. Il peut vous présenter des co-fondateurs, des conseillers, des client et d'autres investisseurs.

- Le "*dumb money*", c'est un investisseur sans aucune expérience dans votre secteur d'activité, qui n'a aucun réseau et ne comprend rien à l'investissement. Le financement via Kickstarter, c'est du dumb money : vous recevez de l'argent et rien d'autre.

Il est préférable d'avoir du smart money plutôt que du dumb money, mais le dumb money a un avantage incontestable : votre investisseur vous laissera très libre.

➜ Un des fondateurs disait que l'inverse était aussi possible. Certaines startups ne s'intéressent qu'à l'argent. Elles ne veulent pas bénéficier de l'expérience des investisseurs. Les bons investisseurs ont des réseaux et de l'expérience dont vous pouvez tirer profit. Demandez-leur des conseils et des suggestions.

➜ Plusieurs fondateurs rencontraient leurs investisseurs tous les deux mois. Ils les tenaient au courant de leurs avancées et discutaient avec eux des changements de stratégie. D'autres fondateurs m'ont dit que leurs investisseurs ne leur avaient donné que de l'argent et aucun accompagnement en stratégie. Ces investisseurs les avaient laissés seuls.

Mariez-vous avec vos investisseurs

Comme vous l'aurez compris, ce qu'apportent les investisseurs ne se limite pas à une simple somme d'argent. Lorsque vous êtes financé, vous entamez une relation de plusieurs années avec eux.

De la même façon qu'on ne se marie pas au deuxième rendez-vous, il ne faut pas accepter de financement trop vite. Assurez-vous que vos investisseurs et vous-mêmes soyez sur la même longueur d'ondes quant au projet. Si vous visez un développement à long-terme et que votre investisseur vise des revenus à court-terme, vous allez au-devant de problèmes.

Vos investisseurs peuvent faire partie de votre conseil d'administration, ce qui leur donne beaucoup de pouvoir. Si vous n'êtes pas d'accord avec eux, ils peuvent bloquer vos décisions et vous forcer à accepter les leurs.

Vous devez être stratégique avec vos investisseurs. Il ne doit pas être seulement question d'argent. Que peuvent-ils faire pour vous ? Comment peuvent-ils vous aider ? Les bons investisseurs peuvent vous présenter d'autres investisseurs.

➜ C'est un peu comme un mariage. Votre partenaire idéal (pour un mariage ou un financement) vous offrira un partenariat à long-terme dans lequel les deux parties feront en sorte que cela fonctionne. Un bon investisseur vous aidera à vous implanter en profondeur dans votre secteur d'activité. Il aura aussi les réseaux et les ressources financières pour vous aider à vous maintenir à flots en cas de crise économique.

➜ Il ne faut pas s'arrêter au simple investissement immédiat. Les investisseurs seront également présents aux tours de financements suivants. S'ils partent au prochain tour de financement, vous serez en mauvaise posture.

Les problèmes avec les VC

Mon expérience m'a rendu cynique sur les VC. La plupart des ingénieurs qui ont monté des startups également ont une mauvaise opinion d'eux. Mais lorsque je parle avec les VC, ils sont très négatifs sur eux-mêmes. Certains m'ont dit les choses suivantes :

- Si le VC pensait vraiment que telle ou telle startup marcherait, il vendrait sa maison, prendrait les économies qu'il gardait pour les études de ses enfants, ferait des emprunts et mettrait tout dans la startup. C'est ce que font les fondateurs. Les VC, eux ne mettent qu'1 % dans l'affaire, mais seulement parce que c'est la loi qui les y oblige.

- Pourquoi les VC n'investissent-ils pas uniquement dans les startups qui réussissent ? Parce que les VC ne savent pas vraiment ce qui marche. Ils pensent avoir du flair mais ils ont un taux d'échec de 95 %.

- Certains VC ont toujours peur de rater une bonne opportunité (FOMO, Fear Of Missing Out). Ils doivent absolument avoir d'importants retours sur investissements ou leurs investisseurs ne leur donneront pas d'argent pour leur prochain fonds.

- Comme les VC ne savent pas ce qui fonctionnera, ils répartissent leurs risques en partageant les affaires entre eux. Cela crée un maillage serré qui exclut les outsiders. Dans la Silicon Valley, les VC qui comptent sont au nombre d'un millier environ. La plupart d'entre eux sont évidemment des blancs diplômés de Stanford, Harvard et Wharton.

- Les VC commencent souvent leurs rendez-vous en vous demandant : "Qui d'autre êtes-vous allé voir ?" Et quoi que vous disiez pendant le rendez-vous, dès que vous serez parti, il appellera ces personnes pour savoir ce qu'elles pensent de vous. La personne que vous êtes vraiment n'a pas d'importance. Alors ne répondez jamais à cette question. Lui ne répondra pas à la plupart de vos questions, alors vous n'avez pas à répondre à toutes ses questions.

- Les VC incluent un "droit de premier refus" dans votre contrat, ce qui veut dire que lorsque vous voudrez faire une nouvelle levée de fonds, vous devrez d'abord leur demander. C'est donc eux qui fixent la valorisation. Si un autre VC propose une valorisation plus importante, le premier VC peut le bloquer.

- Les VC sont très forts pour parler risques mais ce n'est pas leur argent et quoi qu'il arrive, ils touchent 2 %. Vous, vous travaillez 80 heures par semaine pendant deux ans et vous n'avez plus de vie. Eux, pendant ce temps, mènent la belle vie.

- Certains VC se servent parfois des startups pour donner du travail à leur entourage. J'ai travaillé dans une startup où le VC, à son arrivée, a démis de ses fonctions le CEO qui avait monté la startup et l'a remplacé par son fils qui n'avait jamais travaillé. Même le réceptionniste était plus respecté que ça.

- D'autres VC aiment jouer sur le côté psychologique avec vous. S'ils se rendent compte que vous avez vraiment besoin d'argent, ils feront traîner l'affaire pendant des semaines. Vous devez payez trois mois de loyer ce vendredi votre famille et vous vous faites expulser ? Rencontrons-nous dans trois mois. Ou une autre petite signature ici et nous touchons 10 % de plus. Nous, tout ce qu'on veut, c'est vous aider.

Parlez avec des ingénieurs de la Silicon Valley qui ont eu à faire à des VC. Ils auront plein d'histoire similaires à vous raconter.

➜ S'il y a des tensions, c'est parce que les fondateurs et les investisseurs ont des buts différents. Le but d'un VC est de maximiser la valeur, ce qui, en jargon de VC, veut dire "gagner plus d'argent". Ils ne sont pas là pour aider les fondateurs. Les fondateurs, eux, à l'inverse, travaillent sur leurs startups. Lorsque les VC arrêtent de financer, les fondateurs ont l'impression d'être trahis.

➜ Les fondateurs et les professionnels de la finance n'ont pas le même rapport au monde. Les fondateurs, qui sont en général ingénieurs, estiment qu'une information, ça se partage. Si vous construisez un pont, vous partagez les données d'ingénierie avec les autres ingénieurs pour que le pont ne s'effondre pas. Mais les professionnels de la finance pensent qu'il faut garder pour soi ses informations. La banque ne vous dit pas que ce petit taux à 4,6 % vous coûtera 900 000 dollars pendant toute la durée du remboursement de votre maison. Il en va de l'intérêt des ingénieurs de partager leurs informations, alors qu'il en va de l'intérêt des financiers de les garder pour eux.

Les VC dans le monde de l'argent

Les VC ont une certaine importance dans la Silicon Valley, parce que l'on a tendance à croire qu'un milliard de dollars, c'est beaucoup d'argent. Mais Wall Street, Londres, Paris et Zurich brassent des sommes bien plus importantes.

Le secteur du capital-risque aux États-Unis représente environ 30 milliards de dollars par an. Les fonds de placement privés (*private equity*) travaillent avec 300 milliards de dollars.

Mais les vrais rois sont les hedge funds qui jonglent avec 2,9 mille milliards de dollars. Presque 3 mille milliards de dollars. Pour eux, le monde des VC est une erreur d'arrondi.

Bridge water, un hedge fund, gère à lui seul 160 milliards de dollars. C'est 5 fois plus que toutes les sociétés de capital risque américaines réunies. Le système de Ponzi de Bernie Madoff concernait 50 milliards de dollars.

Souvenez-vous de cela lorsque vous parlez aux VC : ils ne jouent pas dans la cour des grands.

Les contrats

Si les investisseurs sont intéressés, ils vous donnent une lettre d'intention. C'est un contrat court (d'une dizaine de pages) dans lequel ils font figurer la somme d'argent, les parts de capital et diverses clauses. Il est rédigé en termes juridiques, vous aurez donc besoin d'un avocat et d'un conseiller en financement pour en comprendre pleinement toutes les implications.

Par exemple, le contrat inclut une clause d'exclusivité pendant le montage, ce qui signifie que vous devez cesser toute discussion avec d'autres investisseurs et attendre. Vous êtes bloqués pour une période d'entre 4 à 6 semaines jusqu'à ce que toutes les parties acceptent ou refusent le contrat.

Cependant, les VC, eux, ne sont pas soumis à cette clause d'exclusivité. Ils peuvent retirer leur proposition à n'importe quel moment, s'ils ont découvert quelque chose dans le rapport de due diligence ou s'ils ont perdu de l'argent à Las Vegas. Ils ne vous diront pas pourquoi ils la retirent. Ils peuvent vous bloquer tout en continuant à chercher une meilleure entreprise dans laquelle investir. Plus ils vous font attendre, plus vous êtes en position de faiblesse.

Ils peuvent aussi jouer avec un *"exploding term sheet"*. Ils vous proposent un contrat qui n'est valable que 48 h. Ce contrat offre de mauvaises conditions mais vous n'avez le temps ni de le négocier ni de le comprendre et vous devez l'accepter rapidement.

La dilution du capital

Les investisseurs vous donnent de l'argent pour que votre startup puisse se développer. En échange, votre entreprise crée de nouvelles actions pour ces investisseurs afin qu'ils participent au capital de l'entreprise. Mais cela a pour effet de diluer le pourcentage des fondateurs.

Prenons un exemple. Vous avez une bouteille de jus d'orange. Vous ajoutez un verre d'eau. Votre bouteille est davantage remplie mais le jus est dilué. C'est exactement ce qui se passe avec le financement.

- Admettons que vos co-fondateurs et vous détenez 80 % de l'entreprise. S'il y a trois co-fondateurs, chacun en détient 26,7 % (un tiers de 80 %). (Les derniers 20 % constituent l'option pool pour les futurs employés et autres).

- Vous estimez avoir besoin de 200 000 dollars pour votre runway. Vous proposez 20 % de l'entreprise à un investisseur s'il investit 200 000 dollars.

- L'entreprise crée 200 000 actions de plus pour l'investisseur. L'investisseur paye 200 000 dollars pour acheter les actions (un dollar l'action). Cela fait grimper la valorisation de votre startup à 1 million de dollars (si 20 % représentent 200 000 dollars, alors 100 % sont 1 million de dollars).

- L'entreprise a maintenant 1 200 000 actions. Le nouvel investisseur détient 16,66 % du capital de l'entreprise (200 000 divisés par 1 200 000 actions = 0,1666 x 100 = 16,66 %). Il a acheté 20 % et en reçoit 16,7 %. Magique, non ?

- Votre participation en tant que co-fondateur à 26,7 % est également affectée par ces nouvelles actions. Lorsqu'elles auront été émises, votre pourcentage passera de 26,7 % à 22,3 % (26,7 / 1 200 = 22.3 %). Vous venez de subir une dilution. Vous détenez moins du capital de la startup. D'un autre côté, la valeur de votre action est passée de 0,0001 dollar à 1 dollar. Votre action a donc plus de valeur. Avant, vous aviez 26,7 % de rien du tout. Maintenant, vous avez 22,3 % d'un million de dollars.

Comme la dilution n'est pas intéressante pour les premiers investisseurs, ils se défendent avec des droits d'anti-dilution (dont je parlerai dans le prochain paragraphe).

Chaque nouveau tour de financement dilue encore un peu plus l'équipe originale. Lorsque les fondateurs sont dilués jusqu'à n'avoir plus de 5 %, ils se disent qu'il n'y a plus de raison de travailler dur, puisque ce sont les investisseurs qui toucheront tout l'argent, alors ils démissionnent. Dans certains pays, c'est ce que n'ont toujours pas compris les investisseurs. C'est également une bonne raison pour ne pas donner 5 % à vos co-fondateurs. Après un certain nombre de dilutions, ils partiront. Les investisseurs ont appris qu'il était dans leur propre intérêt de ne pas prendre trop de participation dans l'entreprise.

C'est une raison supplémentaire aussi pour ne pas avoir huit co-fondateurs. Divisez les 80 % du capital par 8 et chacun a 10 %. En quelques tours de financement, ils seront beaucoup trop dilués.

Les droits d'anti-dilution

Les investisseurs peuvent aussi vous demander des droits d'anti-dilution. Si vous levez des fonds supplémentaires, ils veulent avoir le droit d'acheter plus d'actions pour pouvoir garder leur pourcentage de l'entreprise.

Si l'investisseur a 16,7 % et que vous faites une nouvelle levée de fonds, son pourcentage sera dilué et baissera à 11,9 % (16,7 / 1 400 = 11,9 %). Pour empêcher cette dilution, il peut mettre plus d'argent dans l'affaire pour rester à 16,7 %.

Cependant, les fondateurs n'ont pas de droits d'anti-dilution et sont donc dilués à chaque nouvelle levée de fonds.

Les actions de préférence

Les investisseurs posent aussi le problème des actions de préférence. Vous, vous avez des actions de droit commun, mais les investisseurs, eux, ont des actions de préférence.

Cela veut dire que votre investisseur a des droits prioritaires sur l'argent lorsque vous vendez l'entreprise.

S'il met un million de dollars avec un retour sur investissement x 10, il retrouvera son investissement original de 1 million de dollars plus 10 millions provenant de la vente. L'argent qui reste est réparti en fonction de la répartition du capital entre actionnaires. S'il a 30 %, alors il reçoit 30 % de l'argent qui reste.

Si vous vendez l'entreprise pour 100 millions de dollars, il reçoit 1 millions de dollars, 10 millions et 30 millions. Ce qui reste sera partagé au sein de votre équipe.

Et c'est bien là le problème. L'investisseur n'a aucun intérêt à faire une grosse vente, parce qu'une petite vente est déjà très rentable pour lui, et plus facile à conclure. S'il a une offre à 10 millions de dollars, il revend l'entreprise et touche 10 fois sa mise. Vous, vous touchez le reste, c'est à dire rien.

Les investisseurs peuvent aussi renvoyer les fondateurs, et si les fondateurs n'ont pas encore acheté toutes les actions qui leur ont été allouées, les investisseurs peuvent les saisir. J'ai travaillé dans une startup où les VC ont essayé de renvoyer un co-fondateur pour récupérer ses actions, mais l'autre co-fondateur a menacé de partir lui aussi.

Lorsque les VC financent une startup, ils la clôturent et la re-créent. Les VC font cela pour s'assurer qu'ils aient bien le plus de pouvoir possible. Un milliardaire de la Silicon Valley se servait de ce système pour reprendre aux fondateurs toutes leurs actions. Les fondateurs avaient travaillé dur pendant des années pour monter une entreprise. Le milliardaire a ajouté encore quelques milliards aux siens. Eux n'ont rien eu.

La tendance générale vous est plutôt défavorable. C'est injuste, mais ce sont les investisseurs qui ont le pouvoir, parce que ce sont eux qui ont l'argent. Il faut faire avec eux jusqu'à ce que vous ayez vos propres fonds et que vous n'ayez plus besoin d'eux.

La stratégie de financement à long terme

Jusqu'à présent, nous avons parlé des tactiques de financement et des différentes méthodes. Mais le financement se pense aussi de façon stratégique.

Le financement de startup ne consiste pas seulement en des tours de financement les uns après les autres. Si les investisseurs ont trop d'actions au début, cela finit par poser problème, puisque après plusieurs tours de financement, les fondateurs sont dilués et arrivent presque à zéro.

Vous devez aussi penser à une stratégie d'exit. Certaines startups lèvent beaucoup de fonds et se vendent à des centaines de millions de dollars, alors que d'autres startups ne lèvent que ce dont elles ont besoin et se vendent moins cher, tout en rapportant plus à leurs fondateurs.

Si votre projet fonctionne, ce qui veut dire qu'il rapporte de l'argent ou qu'au moins, il n'en perd pas, vos investisseurs vont espérer que vous leur proposerez de faire partie de votre prochain projet.

Travaillez avec vos conseillers en financement, vos avocats et avec les investisseurs qui veulent s'engager dans une relation à long terme.

Quelles sont les tendances actuelles de financement ?

Les tendances ne comptent pas. Lorsque vous trouvez un problème qu'il faut résoudre, vous pouvez monter une startup.

Il en va de même avec les bulles. Quelques licornes sont largement surévaluées. Lorsque la bulle explosera, ces entreprises-ci vont disparaître et leurs employés seront balayés. Mais les entreprises qui résolvent de vrais problèmes survivront.

Pour en savoir plus sur le financement

Vous êtes en position d'infériorité par rapport aux VC. Vous aurez beau en être à votre troisième ou quatrième startup, le VC a plus d'une centaine de contrats à son actif et échange avec d'autres VC qui ont trouvé d'autres moyens de gagner encore plus d'argent sur le dos des fondateurs.

Les journaux et les magazines (y compris le *Wall Street Journal*) ne couvrent pas très bien les startups et le capital-risque. Les journalistes ne sont pas financiers et ne comprennent pas ce qui se passe vraiment.

Voici quelque site sur lesquels vous pourrez en apprendre plus:

VentureBeat.com: Un site web consacré au secteur du capital risque.

Investopedia.com: Pour se renseigner sur l'investissement.

TheTrustedInsight.com: Ce site réunit 60 000 Limited Partners (les LP sont les personnes qui investissent dans les VC) répartis dans 98 pays pour échanger sur les VC. C'est le Yelp pour les LP.

Vous devez absolument avoir des conseillers financiers de votre côté qui peuvent négocier avec les VC sur un pied d'égalité.

En résumé : un koala chez un barbier

Après avoir passé le plus clair de votre temps ces six derniers mois à parler avec des investisseurs, vous êtes enfin financés. Vous signez toute une pile de papiers, la secrétaire du VC réserve une table chez Evvia, tout le monde porte un toast à l'avenir, le VC vous donne un chèque et à 23h45, vous revenez au bureau. Vous pouvez alors passer au prochain chapitre.

Mais avant, une petite blague.

Un jour, un fondateur rencontre des VC new-yorkais. Ils lui demandent : "Alors, quel est votre pitch ?" et il leur répond : "Nous allons mettre un koala chez chaque barbier.". Les VC new-yorkais lui répondent que c'est ridicule et qu'ils ne financeront pas une telle idée.

Le fondateur rencontre alors des VC de Boston. "Quel est votre pitch ?" "Nous allons mettre un koala chez chaque barbier.". Le VC lui répond : "Attendez ! Hé, venez écouter ça ! C'est l'idée la plus bête que vous ayez jamais entendue !"

Le fondateur ne baisse pas les bras. Il se rend dans la Silicon Valley et rencontre des VC.

- Alors, quel est votre pitch ?

- Nous allons mettre un koala chez chaque barbier.

Le VC de la Silicon Valley réfléchit quelques instants et répond :

- Ce ne serait pas mieux avec deux ? *

* Certains relecteurs m'ont dit : je n'ai pas compris. C'est une blague typique de la SV. Les investisseurs new-yorkais sont très conservateurs. Comme ils n'ont ni imagination ni créativité, ils disent non. Les VC de Boston se croient intelligents alors qu'ils ne connaissent rien à rien, et ils se

permettent d'insulter les fondateurs. Les VC de la Silicon Valley, eux, se moquent pas mal de la réalité et foncent à chaque idée un peu folle. Bien sûr qu'il est idiot de mettre un koala chez un barbier. C'est un kangourou qu'il faudrait mettre.

8 : La comptabilité

En tant que startup en phase d'amorçage, vous avez peu de choses à faire en terme de comptabilité. Comme vous ne gagnez pas d'argent et que vous n'avez pas de financement, les choses sont simples. Inutile d'embaucher un comptable ou un expert-comptable.

Vous aurez des dépenses. Gardez-en une trace pour pouvoir vous faire rembourser plus tard. Ce sont autant de prêts que vous accordez à votre startup.

Gardez tout : les factures de fournitures de bureau, d'affranchissement, de restaurant, de tickets de bus et de train, vos kilométrages, etc.

Sur le reçu, mettez en quelques mots à quoi correspondait cette dépense ou le nom de la personne que vous avez rencontrée. Lorsque vous prenez votre voiture pour aller à un rendez-vous, écrivez un petit mot, tel que "Palo Alto à San Francisco, 7 décembre 2016, pitch event de Twitter". Utilisez Google Maps pour trouver la distance et multipliez par deux pour avoir l'aller retour.

Prenez une grande enveloppe ou un classeur et mettez-y vos reçus. Vous pouvez aussi vous servir de votre téléphone portable pour prendre ces reçus en photo. Gardez-les bien jusqu'au jour où vous aurez un comptable.

Lorsque vous recevez votre financement, vous vous créez en société et pouvez alors embaucher un comptable ou un expert comptable qui a de l'expérience dans les startups. Il pourra vous conseiller sur la structure financière à donner à votre startup et organiser vos reçus et vos impôts.

Votre comptable saura si vos reçus entrent dans le cadre des frais professionnels valides ou pas. En cas de doute, donnez-lui quand même les reçus et laissez-le voir.

Pour trouver un comptable, demandez à vos conseillers ou à vos amis qui ont monté des startups.

La gestion de l'argent

En tant que directeur d'entreprise, vous avez un devoir fiduciaire envers vos investisseurs. Ce terme légal signifie que vous devez gérer leur argent de façon responsable. Si vous ne le faites pas, vos investisseurs peuvent vous attaquer en justice.

Ne prenez pas leur argent pour aller faire la fête ou vous acheter une Ferrari. Si vos investisseurs apprennent que vous jetez leur argent par les fenêtres, vous n'aurez plus de financement. Gardez soigneusement les reçus de chaque dépense.

Ouvrez un compte en banque professionnel

Lorsque vous immatriculez votre société, vous recevez un Employer Identification Number (EIN) dont vous vous servez pour ouvrir votre compte en banque professionnel. Vous pouvez ouvrir un compte en banque professionnel même sans avoir la nationalité américaine. Tout peut être fait par mail.

L'utilisation de votre compte en banque professionnel

Seul le fondateur et éventuellement une autre personne doivent avoir la signature sur votre compte en banque.

Ne permettez à personne d'autre d'avoir cette signature. Le comptable ou l'expert-comptable peuvent avoir un droit de regard, mais n'ont pas le droit de signer.

A plusieurs reprises, je me suis retrouvé dans des entreprises où des personnes de confiance avaient des problèmes personnels d'argent et avaient emprunté de l'argent sur le compte professionnel. Ils comptaient tous le rembourser mais n'y sont jamais parvenu.

Cela inclut les directeurs de la société. Le directeur financier d'une grande entreprise de la Silicon Valley a volé 65 millions de dollars pour rembourser ses dettes de jeu contractées à Las Vegas.

La rémunération des employés

Tout d'abord, normalement, vous n'avez pas d'employés. Ce sera pour plus tard. Mais comme beaucoup se posent des questions sur les salaires dans les startups, voici quelques lignes à ce sujet.

La gestion des salaires demande beaucoup de travail. Avant, nous le faisions dans nos startups. Mais vous n'avez pas de temps à consacrer à ça. Prenez un service de portage salarial. C'est plus facile et moins cher que de le faire soi-même ou d'embaucher quelqu'un.

Votre entreprise doit prélever les impôts sur les feuilles des salaires de vos employés et les verser aux centres des impôts fédéraux et nationaux.

En janvier, vous envoyez des formulaires W2 à vos employés pour leur communiquer leurs revenus de l'année qui vient de s'écouler afin qu'ils puissent préparer leurs impôts. Ces formulaires doivent être envoyés avant une certaine date. Si vous les envoyez en retard, vous devez payer des pénalités.

Vous payez également l'assurance accident au travail de vos employés.

Vous devez également vérifier que vos employés aient bien le droit de travailler aux États-Unis.

Si vous embauchez des prestataires, il vous faut un formulaire IRS 1099. Vous donnez le formulaire vierge à votre prestataire, qui le remplit et le signe. Vous devez avoir le 1099 signé par votre prestataire avant de le payer. Un certain nombre de prestataires savent que si vous payez d'abord, ils ne signeront pas le formulaire et l'IRS vous forcera à payer les impôts. Une fois que vous aurez payé, il sera très difficile de leur faire signer ce formulaire. Mais comme ils veulent être payés, vous pouvez leur demander de signer d'abord.

Sur le site de Y-Combinator, on peut lire qu'il n'est pas légal de travailler gratuitement, et qu'étant donné que vous êtes un employé de votre entreprise, vous devez vous verser un salaire. C'est faux. En tant que fondateur, vous n'êtes pas employé, et pouvez donc travailler gratuitement pour vous. Vous pouvez choisir de passer au statut d'employé de votre entreprise et de vous verser ensuite un salaire, mais ce n'est pas obligatoire. Si vous embauchez des employés en Californie, vous devez leur verser le salaire minimum.

Oui, vous pouvez travailler gratuitement. Vous avez le droit de vous exploiter vous-même.

Les startups par leurs fondateurs

Quelques autres startups racontées par leurs fondateurs :

* Andrea Lynn Cianflone, fondatrice. Le Be Delighted Movement s'appuie sur la créativité pour mettre de la joie dans nos vies. Notre plate-forme propose des événements live, des programmes de loisirs éducatifs, un programme de bien-être par le chant, une résidence pour artistes, des festivals et des voyages. Implantée à New York. A la recherche de financement. Consultez via-enterprises.com/be-delighted

* Clément Gonthier et Arthur Pages, co-fondateurs. Nous aidons les surfeurs à se filmer avec notre caméra waterproof qui vous suit pendant votre session de surf. Consultez surfup.strikingly.com

En résumé

La comptabilité, les finances et les impôts, c'est un peu comme se brosser les dents : on ne peut pas y échapper, mais ce n'est pas pour ça qu'on se lève le matin.

Votre mission est de monter une équipe et de développer les meilleurs produits possibles. Et ça, c'est le genre de mission qui donne envie de se lever le matin.

9: Vendre votre startup

Pour ce chapitre, nous aurons besoin de quelques autres termes courants dans la Silicon Valley :

- L'exit (ou sortie) : L'exit est le but de votre entreprise. Il y différentes façons de faire une exit : vous vendez votre entreprise, vous l'introduisez en bourse, ou vous la fermez. Autour de vous, l'on vous demandera : "Quelle est votre stratégie d'exit ?" ou "Quelle est votre exit ?"

- Les classes d'actifs : Lorsque vous aurez 100 millions de dollars, votre conseiller financier vous recommandera de diversifier votre fortune en quatre types d'actifs : de l'argent, des actions, des obligations et des actifs alternatifs (tels que le foncier, l'immobilier, l'art, les diamants, etc). La capacité de conversion de valeur d'un actif vers un autre actif s'appelle la liquidité.

- La liquidité : Mettons que vous ayez un diamant d'un carat qui vaut 1 000 dollars. Le diamant et l'argent ont la même valeur, mais les transactions avec le diamant sont longues et vous pourriez ne pas en retirer toute sa valeur, on dit donc qu'il a une faible liquidité (il est illiquide). La valeur de l'argent est facile à convertir en d'autres choses (pour acheter un café, etc) et vous ne perdez pas un pourcentage de la valeur, on dit donc que l'argent est hautement liquide.

- L'événement de liquidité : Il s'agit de la vente de votre entreprise. Cet événement de liquidité peut intervenir sous forme de cession, de fusion, d'introduction en bourse, etc. Lorsque vous vendez le diamant, vous convertissez la valeur de diamant en argent. Il en va de même avec votre startup. Disons qu'elle est estimée à 10 millions de dollars. Lorsque vous vendez votre entreprise, vous convertissez sa valeur en argent.

- L'acquisition : Une entreprise acquiert la vôtre, ce qui veut dire qu'elle l'achète.

- L'IPO (*Initial Public Offering*, ou introduction en bourse) : Lorsque des investisseurs investissent dans votre entreprise, vous leur vendez les actions de votre entreprise sur un marché où n'importe qui peut en acheter la quantité qu'il souhaite, et il est probable que vous ne rencontrerez jamais l'acheteur. C'est un marché boursier public, comme Wall Street. L'IPO est le premier jour où vous proposez votre capital sur le marché.

Événement de liquidité et exit

Le but d'une entreprise est un événement de liquidité, qui permet de convertir les actifs (votre entreprise) en argent, pour pouvoir acheter autre chose (une maison, par exemple).

L'objectif commercial de votre startup est l'exit. Il existe 5 issues possibles à votre startup, que nous allons passer en revue pour en comprendre les implications.

Les cinq fins possibles de votre startup

Idée clé : Votre startup peut finir de cinq façons différentes

- **La faillite :** Vous montez votre entreprise, vous la gérez pendant un certain temps, et puis l'argent vient à manquer et vous la fermez. Ce peut être une faillite élégante, dans laquelle vous payez vos factures, vous faites une soirée d'adieux et vous rendez l'argent qui reste aux investisseurs. Ou alors votre entreprise s'effondre complètement, les factures ne sont pas payées, vous quittez le navire à toute vitesse et vos employés cassent les fenêtres pour grimper dans les bureaux et repartir avec leur ordinateur et leur chaise (je n'invente rien). 80 % des entreprises ferment dans les trois ans.

- **L'entreprise zombie :** Vous lancez votre entreprise, mais quelques années plus tard, elle ne gagne que 30 000 dollars par an, ce qui n'est pas assez pour croître, mais vous refusez d'abandonner parce que vous sentez que le Grand Jour va bientôt arriver. Et vous vous y accrochez pendant 10 ans, jusqu'à ce que vous finissiez par vous effondrer. Ces entreprises sont dites zombies parce qu'elles ne sont ni mortes ni vivantes.

- **La belle vie :** Vous montez votre entreprise, elle marche très bien et comme vous gagnez entre 10 et 20 millions de dollars chaque année, vous vivez la belle vie : maisons, voitures, voyages, loisirs... Vos VC et vous vivez ainsi jusqu'à la fin de vos jours. L'entreprise finance votre train de vie. Lorsque que vous lancez votre entreprise, ne dites pas à vos investisseurs que c'est votre véritable but. Ils veulent que les entreprises se développent et qu'il y ait un événement de liquidité dans les 4 ou 5 ans. Ils ont absolument pas envie d'entretenir votre style de vie. Ces entreprises sont souvent reprises par les deux enfants qui en héritent. Quelques dizaines d'années plus tard, ce sont les petits-enfants qui la reprennent à leur tour et en général la revendent dans les années d'après pour pouvoir investir dans Big Things. Dans les années qui suivent, ils perdent tout.

- **L'introduction en bourse (IPO) :** Vous montez une entreprise. Votre équipe décide de faire une introduction en bourse. Cela prendra cinq à sept ans. En 2002, après l'énorme fraude aux actions de la bulle internet, le Congrès américain a voté les lois Sarbanes - Oxley pour protéger les investisseurs. Ces lois SarBox (ou SOX) exigent un traçage financier et comptable extensif, donc vous devrez levez encore 5 à 10 millions de dollars pour vous conformer aux exigences de SarBox. Les banques d'investissements travaillent avec vous pour préparer votre entreprise à son introduction en bourse. Le jour J, vous allez à Wall Street et vous sonnez la cloche. Une introduction en bourse prend beaucoup de temps et coûte cher. C'est pour cela qu'il n'y a plus aujourd'hui que très peu d'introduction en bourse. Si cette introduction ne fonctionne pas, l'entreprise est vendue ou elle fait faillite.

- **L'acquisition** : Vous montez une startup dans le but de la vendre à une plus grande entreprise. Vous en faites une entreprise-cible. Elle est dotée d'une petite équipe de co-fondateurs, de quelques conseillers et peut-être d'un petit nombre d'investisseurs. L'entreprise est vendue en 12 à 18 mois (ou parfois, en quelques mois seulement) pour 5 à 10 millions de dollars. Soit l'acheteur achète la startup et vous partez, soit il l'achète et vous restez, soit il l'achète, se débarrasse de la startup et vous garde. Ce dernier exemple est ce qu'on appelle une acquisition-embauche (acqui-hire), et son but est de renforcer son équipe de développeurs.

-

armi ces cinq modèles, le plus facile à réaliser est l'acquisition. Vous travaillez dur pendant une courte période de temps puis vous vendez la startup.

Stratégie et exits

Lors de mes interviews avec les fondateurs, ceux-ci avaient généralement beaucoup de choses à dire sur les stratégies d'exit. Ceux qui en avaient fait déjà plusieurs disaient qu'on peut très bien avoir un projet sur deux ou trois ans avec une certaine idée d'exit au bout, mais au fur et à mesure que l'on développe un produit et que l'on passe d'une startup en phase d'amorçage à une entreprise en phase de développement, les choses évoluent. Les raisons et les buts personnels qui vous ont amenés à lancer une startup peuvent évoluer, eux aussi.

➔ Pendant le projet, concentrez-vous sur la croissance de l'entreprise. Plus votre produit sera abouti, plus vous aurez de clients, de revenus, et de valeur au moment de l'exit. Ce que vous vendrez, c'est une entreprise qui gagne de l'argent. Tout le reste n'est que fioritures.

➜ Il faut se fixer un objectif à long-terme, par exemple 10 millions de dollars en 24 mois, mais avoir également des objectifs à court terme bien définis. Tous les six mois, prenez du recul, revoyez vos objectifs et la façon dont vous envisagez ce projet.

➜ Plusieurs fondateurs m'ont dit qu'ils avaient lancé leur startup en se disant qu'ils la vendraient, mais après avoir passé plusieurs années à tant s'y investir, il leur devenait difficile de s'y résoudre. Ils avaient l'impression de vendre leur enfant.

➜ Une exit en 9 mois est très rapide. Certains m'ont parlé d'exits en 3 mois. Une exit prend en général entre 12 et 18 mois et peut aller jusqu'à 3 ans.

Les entreprises qui offrent la "belle vie" sont attirantes parce qu'il suffit de les monter pour qu'elles nous fassent vivre jusqu'à la fin de nos jours. Comme il y a cent ans, les entreprises pouvaient durer cinquante ou soixante dix ans, c'était alors dans l'ordre du possible . Mais aujourd'hui, la concurrence mondiale et l'évolution rapide de la technologie font qu'une entreprise ne peut pas se permettre de continuer à faire la même chose que pendant 10 ou 20 ans. Elle doit constamment innover, au risque de se retrouver rapidement obsolète.

Exits et investisseurs

Parlez de l'exit avec vos co-fondateurs et vos investisseurs pour savoir ce qu'ils veulent. Définissez un projet général et fixez des objectifs avec des échéances.

Certains co-fondateurs visent une acquisition rapide pour pouvoir travailler dur pendant un an, vendre l'entreprise, gagner de l'argent, et vivre toute leur vie sur une plage ou se lancer dans un nouveau projet. D'autres co-fondateurs préfèrent travailler dans une entreprise stable pendant de longues années.

Il en va de même avec les investisseurs. Certains veulent investir leur argent et vendre rapidement pour pouvoir multiplier par 10 leur investissement. Mais d'autres préféreront que vous développiez l'entreprise pendant quatre, six ou dix ans, puisque cela leur rapporte de l'argent. Ils veulent que leur investissement se transforme en une entreprise valorisée à un milliard de dollars. Ces investisseurs vous considèrent comme leurs employés. C'est pour cela qu'ils font des périodes de vesting sur quatre ans : les investisseurs veulent vous attacher à l'entreprise. Mais les investisseurs, eux, n'ont aucune obligation de rester.

Il doit y avoir un consens au sein des co-fondateurs et des investisseurs quant à l'exit. Si certains pensent que l'entreprise peut finir par valoir un milliard ou qu'ils veulent une entreprise qui leur permet de mener la belle vie, ils s'opposeront à tous les efforts pour la vendre. Si on vous propose 10 millions de dollars pour vendre votre startup, vous aurez envie d'accepter, mais comme le VC veut encore plus d'argent, il refusera l'offre et demandera 100 millions. En cas d'échec, lui sera peu impacté puisqu'il est déjà riche.

Néanmoins, les co-fondateurs et les investisseurs doivent s'intéresser aux histoires de reprises des autres entreprises, parce que cela leur donne une idée de la valeur de votre entreprise. Si vous connaissez une entreprise similaire à la vôtre qui a levé 2 millions de dollars et qui a été vendue à une autre entreprise deux ans plus tard pour 10 millions de dollars avec un retour sur investissement x 5, dites-le leur.

➜ Il faut dès le début réfléchir à ce que l'on veut vraiment. Plusieurs personnes m'ont dit que quand elles s'étaient lancées, elles voulaient gagner de l'argent, mais qu'après plusieurs années (et plusieurs startups), elles s'étaient rendu compte qu'elles voulaient leur propre entreprise avec des revenus fixes. D'autres étaient contentes de vendre leur entreprise parce que cela leur permettait de commencer un nouveau projet.

➜ L'exit dépend aussi de votre marché. La plupart des marchés sont stables pendant des années, mais certains n'existent que pendant une courte période de temps. Les applis et les jeux sont des marchés où les succès se mesurent souvent en mois. Vous pouvez faire une belle réussite sans qu'il soit possible d'en faire une deuxième, alors il faut être prêt à faire une exit au moment où l'entreprise est au sommet.

Si vous visez une acquisition

Si vous êtes en train de monter une entreprise-cible, n'embauchez pas d'employés qui ne seront pas utiles tels que des équipes commerciales et marketing, comptables ou RH.

L'acheteur aura déjà de telles équipes en interne, et licenciera vos employés dès qu'il aura acheté votre entreprise.

Ne signez aucun contrat de location à long-terme de bureaux, de fournitures de bureau ou de location de voitures de fonction.

Pourquoi ils achètent votre entreprise

Il existe différentes raisons qui poussent de grandes entreprises à racheter de plus petites entreprises :

- L'innovation : Les entreprises veulent disposer de nouveaux produits. Cisco a acheté plus de 130 entreprises.

- La valeur potentielle : Votre startup peut ne rapporter qu'un million de dollars par an aujourd'hui, mais elle a le potentiel pour en rapporter 10 millions par an dans deux ans. L'acheteur n'achète pas la valeur de cette année, il achète la valeur potentielle qu'elle aura atteint dans deux ans.

- Prouver sa croissance : Les grandes entreprises veulent prouver aux investisseurs qu'elles sont en pleine croissance. On s'attend alors à ce qu'elles continuent à croître dans l'avenir, ce qui fait monter le prix de l'action. C'est pour cela que Facebook a acheté Whatsapp.

- Entrer dans de nouveaux marchés. Les entreprises peuvent pénétrer un nouveau marché en achetant une entreprise implantée dans celui-ci. Google est entré dans le marché de la téléphone mobile en achetant Motorola.

- La concurrence : Les entreprises achètent des startups dans le cadre de leur stratégie de concurrence contre d'autres entreprises. Google a acheté Google Docs pour embêter Microsoft Office.

- L'acquisition - embauche : Les entreprises achètent des startups pour embaucher leurs experts. Facebook achète par dizaine des entreprises d'IA.

- La mise à l'écart : Des entreprises achètent une startup juste pour qu'une autre entreprise ne puisse pas l'avoir. Oracle a acheté SUN pour la mettre à l'écart de Microsoft.

- Étouffer de potentielles menaces : Les entreprises achètent de potentiels concurrents pour s'en débarrasser. Oracle a acheté PeopleSoft et l'a fermé.

- La stupidité : Les exemples d'acquisitions absurdes ne manquent pas, comme AOL qui a acheté Time-Warner pour 165 milliards de dollars, en pure perte.

Ces différentes raisons sont autant de moyens de faire pression sur les entreprises pour qu'elles vous achètent. Vous pouvez affoler le marché par votre vélocité, c'est à dire par la rapidité avec vous engrangez de nouveaux clients, des revenus et des parts de marché. Elles vous achèteront soit pour ajouter vos chiffres aux leurs, soit pour se débarrasser du concurrent que vous représentez ou pour empêcher une autre entreprise de vous acheter. Vous pouvez aussi aller voir l'entreprise numéro deux du marché pour leur dire de vous acheter afin de devenir numéro un.

Cela signifie que vous devez être en contact avec de potentiels acheteurs dès le début. Les grandes entreprises ont un vice-président dédié aux acquisitions. Trouvez-le, rencontrez-le et restez en contact avec lui.

Les fusions-acquisitions (ou M&A pour merger and acquisition) et les banques d'investissement (IB)

Vous connaissez peut-être trois ou quatre entreprises qui veulent acheter votre entreprise, mais vous n'avez pas de vision d'ensemble du marché et risquez donc de passer à côté d'opportunités. Je vous conseille de vous rapprocher de spécialistes en fusion-acquisition et de banques d'investissement. Leur métier est de vendre et d'acheter des entreprises.

Leurs équipes étudient le marché et trouvent par exemple 100 acheteurs potentiels. Les acheteurs sont classés en groupes : groupe A, B ou C. Le groupe A est constitué des acheteurs idéaux. Le groupe B sont les acheteurs acceptables. Le groupe C sont les acheteurs qui n'ont aucune bonne raison d'acheter votre entreprise.

Il arrive souvent qu'une entreprise soit achetée par une autre entreprise mais que personne ne soit capable d'expliquer pourquoi. Il s'agissait alors une vente C.

Trouvez un cabinet de conseil en fusion-acquisition ou une banque d'investissement à qui vous pouvez faire confiance. Vous les trouverez sur recommandation ou par des amis proches qui ne toucheront pas de commission. Le professionnel que vous retiendrez doit avoir au moins cinq ans d'expérience et conclu au moins cinq affaires. Rencontrez-en au moins trois et choisissez celui qui est le plus en phase avec vous. Vous devez faire ensuite une due diligence sur lui.

Vous pouvez ajouter votre spécialiste en fusion-acquisition ou votre banquier à votre équipe de conseillers. Il vous donnera des conseils sur la façon de préparer votre entreprise à la vente et vous aidera à en fixer le prix. Conclure ce genre de tractations peut prendre 9 mois ou plus.

Assurez-vous que votre spécialiste en fusion-acquisition ou votre banquier comprenne bien votre produit et votre marché. Posez-lui des questions pour voir s'il a lu la documentation de votre entreprise et s'il l'a comprise.

Il présentera votre entreprise sous son meilleur jour. Il discutera avec de potentiels acheteurs pour créer un effet d'enchères. Il dira à chacun : "Nous sommes en négociation avec d'autres acheteurs", "Ne tardez pas", "Comme je vous aime bien, je vous aidera à avoir celle-ci".

Les spécialistes en fusion-acquisition ou les banquiers d'investissement prennent une commission sur la vente d'entre 2 % à 5 % et vous facturent entre 5 000 et 10 000 dollars par mois. Ou alors ils prennent la Formule Lehman, c'est à dire 5 % du premier million, 4 % du deuxième million, 3 % du troisième million, 2 % du quatrième million, 1 % du cinquième million et des millions suivants, ou bien entre 5 et 10 % de la vente totale. Tous ces chiffres sont négociables.

Mais vous ne devez pas vous décharger complètement de cette affaire sur lui. Comme pour tout dans votre startup, vous devez être très impliqué dans la vente. Les VC, ces spécialistes et ces banquiers concluent de nombreux contrats, alors si l'un d'eux échoue, ce n'est pas un problème pour eux, mais pour vous, c'est une chance d'empocher une somme significative d'argent en moins.

➡ Plusieurs fondateurs m'ont dit que cela dépendait du pays. La Silicon Valley existe depuis maintenant plusieurs dizaines d'années, les spécialistes en fusion acquisition et les banquiers d'investissement y sont donc nombreux et ont de vastes réseaux et beaucoup d'expérience. Cependant, ce n'est pas le cas de tous les pays. Ailleurs, ces professionnels ne savent pas vraiment comment procéder. Les startups travaillent avec leurs investisseurs et leurs conseillers pour conclure la vente. Le gouvernement américain et Wall Street imposent une réglementation qui force la Silicon Valley à la transparence financière. Mais sur de nombreux autres marchés, c'est la jungle. Tout le monde peut dire ce qu'il veut et tout le monde s'en fiche parce que six mois plus tard, tout a changé. Les fondateurs qui apprennent vite et s'adaptent bien peuvent tirer leur épingle du jeu et croître dans le chaos.

➡ Il y a quelques années de cela, deux étudiants de Stanford avaient inventé un outil. Ils étaient capables de le coder mais comme ils ne connaissaient pas le marché, je les ai rejoints en tant que conseiller stratégique. J'ai également rédigé leur documentation et créé leur site internet. Nous avons tout fait sur des serveurs de Stanford. Les deux ingénieurs avaient également approché une femme qui faisait des fusions acquisitions. Nous avons estimé que le développement de ce produit prendrait six mois, nous lui avons listé toutes les caractéristiques techniques (ce que l'outil pourrait faire) et elle a commencé à faire son marché. Cinq mois plus tard, elle a annoncé à six grandes entreprises que son avocat et elle se trouveraient dans la chambre 88 du Hilton de Palo Alto à 16 h le 16 juillet, où les entreprises pourraient faire leurs offres. Deux heures plus tard, elle félicitait le vainqueur, qui annonçait le lendemain matin qu'il avait développé cet outil. Le nom de ce produit n'était qu'une variable et pouvait facilement être changé. Il a très bien marché, et nombre d'entre vous l'ont utilisé. L'équipe était constituée en tout et pour tout de six personnes, tout avait été fait de chez nous et nous ne nous étions rencontrés en chair et en os qu'un petit nombre de fois.

Les méthodes de valorisation : le prix de votre startup

Idée clé : Vous utilisez des modèles de valorisation pour savoir à quel prix fixer votre startup. Parmi ces modèles, l'on trouve :

- Le multiple du coût de construction

- Le multiple du bénéfice

- Le multiple des recettes

- Les transactions comparables

- La moyenne pondérée

De la même façon qu'aux États-Unis, on dit qu'il y a treize manières de regarder un merle, il y a au moins autant de manières de calculer une valorisation.

Passons-en quelques-unes en revue :

Le multiple du coût de construction

Combien l'acheteur devrait-il débourser pour monter la même entreprise ?

Additionnez le coût d'une équipe, des bureaux, des outils, de l'investissement, des pizzas, etc. Multipliez cela par trois ans.

Disons qu'il faut 5 millions pour monter l'entreprise.

5 millions de dollars x 3 ans = une valorisation à 15 millions de dollars

Il a peut-être fallu seulement un an à votre équipe pour construire cette entreprise, mais on compte en années de chien. Des personnes normales auraient besoin de trois ans.

Le multiple des bénéfices

Vous comparez les recettes de votre secteur d'activité par rapport à la valorisation de ce secteur.

Trouvez les recettes de toutes les entreprises de votre secteur d'activité. Par exemple, cinq entreprises ont 100 millions de dollars en recettes totales (A = 10 millions, B = 20 millions, C = 30 millions, D = 20 millions, E = 20 millions). Vous obtenez une estimation de ce secteur à 500 millions de dollars.

Le quotient des recettes à valoriser est x 5, donc l'estimation de chaque entreprise est 5 x ses revenus.

Si les recettes de votre entreprise sont de 10 millions de dollars, alors...

10 millions de dollars en revenus x un quotient de 5 = une estimation à 50 millions de dollars.

La moyenne pondérée

Vous déterminez la valorisation de l'ensemble de votre secteur d'activité et vous le divisez par le nombre d'entreprises œuvrant dans ce secteur pour obtenir la valorisation moyenne.

Par exemple, la valorisation du secteur d'activité est à 200 millions de dollars et dix entreprises évoluent dans ce secteur, on obtient donc une valorisation moyenne de 20 millions de dollars pour chaque entreprise.

200 millions de valorisation de la totalité du secteur d'activité / 10 entreprises = une valorisation moyenne de 20 millions de dollars.

Les transaction comparables

Cherchez des ventes similaires ayant eu lieu récemment.

Au cours des 12 derniers mois, quatre entreprises ont été vendues pour 10 millions, 12 millions, 15 millions et 8 millions de dollars, pour un total de 33 millions de dollars. Divisez 33 millions par quatre entreprises pour avoir une vente moyenne à 11,25 millions de dollars.

(10 millions de dollars + 12 millions de dollars + 15 millions de dollars + 8 millions de dollars) / 4 entreprises = une transaction moyenne à 11,25 millions de dollars.

La moyenne de tous les modèles

Il y a aussi la moyenne de toutes les valorisations ci-dessus. C'est aussi une formule.

Vous faites le calcul de chaque formule, vous arrivez à quatre résultats différents, et vous faites la moyenne.

15 millions de dollars + 50 millions de dollars + 20 millions de dollars + 11,25 millions de dollars = 96,25 millions de dollars / 4 = une moyenne de 24 millions de dollars

Valorisation par la valeur de chaque utilisateur

De nombreuses entreprises de médias sociaux utilisent la valeur de chaque utilisateur basée sur la valorisation de l'entreprise.

Si une entreprise similaire a 100 millions d'utilisateurs et qu'elle vaut un milliard de dollars, alors chaque utilisateur représente 10 dollars.

1 milliard de dollars de valorisation / 100 millions d'utilisateurs = 10 dollars de valeur moyenne par utilisateur.

Vous pourriez aussi regarder le revenu par utilisateur (mettons 20 dollars par an) et le multiplier par plusieurs années, pour avoir une valorisation projetée sur plusieurs années.

100 millions d'utilisateur x 20 dollars par utilisateur x 3 ans = une valorisation à 6 milliards de dollars.

Valeur future des flux de trésorerie

Vous pouvez aussi prendre le futur flux de revenus de la startup comme base de négociation. Au lieu de vendre la startup sur la valeur des revenus de cette année, vous pouvez montrer l'historique de croissance pour prouver que les revenus de la startup vont continuer à progresser sur les deux années à venir.

Vous pouvez alors utiliser le revenu futur pour obtenir la valorisation de votre entreprise.

Quelle méthode de valorisation utiliser ?

Il existe encore d'autres méthodes de valorisation. Certains fondateurs ont conçus des tableurs très élaborés pour calculer les valorisations. Parlez-en à vos co-fondateurs, vos conseillers, vos investisseurs, d'autres fondateurs et votre conseiller en fusion-acquisition ou votre banquier d'investissement. Ils en auront encore sûrement d'autres.

Alors, laquelle choisir ? Utilisez-les toutes. Prenez chaque formule et calculez la valorisation. Lorsque vous entrerez en négociation, vous aurez davantage de cartes dans votre manche.

Acheteur vs. vendeur

Il faut aussi se demander ce que veut chaque partie. Si les méthodes de valorisation disent que la startup vaut 10 millions de dollars mais que vous en voulez 30 millions, alors ce sera 30 millions. Sinon, l'acheteur payera 7 millions et rien de plus. Combien voulez-vous gagner ? Combien l'acheteur est-il prêt à payer ?

La somme finale n'est en fait qu'une affaire d'émotions et de persuasion. Un vendeur expérimenté peut inciter l'acheteur à payer un peu plus. Et si vous cherchez désespérément à vendre, vous serez prêt baisser le prix.

➜ Si vous estimez devoir toucher 20 millions de dollars, alors demandez-en 40. Ou 100. C'est du bluff et il n'y a pas de règle. Le prix sera la somme que l'acheteur est prêt à payer ou que le vendeur est prêt à accepter.

Et les valorisations des licornes ?

Une poignée d'entreprises sont valorisées à plusieurs milliards de dollars. Uber est valorisée à 70 milliards de dollars, soit 7 fois plus que la valeur annuelle du marché des taxis. Snapchat perd 10 millions de dollars par mois, et pourtant, l'appli est valorisée à 25 milliards de dollars. Comment cela fonctionne-t-il ? C'est la magie du capitalisme !

Il y a vingt ans, les fonds d'investissements privés attendaient l'introduction en bourse pour acheter les actions d'une entreprise. Aujourd'hui, ils investissent dans les licornes avant leur introduction en bourse et font donc concurrence aux VC sur le terrain des actions. Ces investisseurs offriront une valorisation plus importante pour avoir le droit d'investir.

C'est aussi une question d'offre et de demande. Les grands investisseurs qui gèrent des dizaines de milliards de dollars ont besoin d'exits à plusieurs milliards de dollars, mais comme il y a peu de licornes, ils investiront de fortes sommes dans ces entreprises.

➜ Certaines licornes ont atteint une telle taille qu'elles finissent par redéfinir leur marché. Par exemple, à son lancement, Uber était un service de taxi à la demande, mais ce groupe a développé le concept de leur marché en créant de nouveaux genres de clients, comme les courses partagées, ce qui n'existait pas avant. Uber invente aussi de nouveaux marchés, comme des camions de transport ou des camionnettes de livraison automatisés. A Dubaï, Nairobi ou New York, lorsque vous cliquez sur Uber, vous avez le choix entre une voiture et un hélicoptère. Quand on pense au potentiel que cela représente, il est même possible qu'Uber soit sous-évalué.

Il y a une autre façon de voir les choses. Dans certaines startups, le business model consiste à constamment lever des fonds sur de vagues promesses d'introductions en bourse à 25 milliards d'euros. Au bout d'un moment, cela s'effondre, mais avant cela, il y a sept bonnes années de primes incroyables.

Vous me demanderez peut-être : "Comment une entreprise peut-être valoir des milliards si elle ne rapporte pas un centime ?" C'est une excellente question. Certaines de ces entreprises surfent sur de grandes promesses et font miroiter des bénéfices mirobolants à leurs investisseurs, moyennant de "modestes" investissements de 10 millions.

Les VC, les conseils d'administration et autres font des promesses dont personne ne sait si elles se réaliseront ou pas, mais ce qui est certain, c'est qu'entre-temps, votre entreprise en fera les frais.

C'est ce qui est arrivé à Theranos. Une poignée de VC et un conseil d'administration composé de stars ont gonflé la valorisation de cette entreprise qui a été estimée à 6 milliards de dollars pour un produit qui n'a jamais marché. Aujourd'hui, cette entreprise ne vaut rien. Mais le bon côté des choses, c'est que Hollywood est en train de faire un film dessus avec Jennifer Lawrence dans un des rôles principaux.

Au fait, si ces entreprises sont surnommées des "licornes", c'est parce qu'elles sont très rares. Il y a plus de 30 000 startups, mais seulement quelques centaines d'entre elles sont valorisées à plus d'un milliard de dollars.

Les valorisations absurdes

Il y a aussi des façons complètement absurdes de fixer une valorisation. Une startup, qui avait rencontré un VC, lui avait demandé 7 millions de dollars. Le VC lui demande alors : "Mais pourquoi 7 millions ?"

Le fondateur lui a répondu : "Parce que nous sommes sept et que nous valons un million chacun".

Le VC a alors répondu : "Alors allez prendre deux passants dans la rue et demandez 9 millions !"

Valorisation et décote de liquidité

Plus haut, nous parlions de vendre des diamants. Un jour, vous vous rendrez compte que vous ne tirerez de votre diamant à 1 000 dollars que 500 dollars lorsque vous le convertirez de sa valeur diamant en valeur argent. C'est ce que l'on appelle la décote de liquidité.

Si vous voulez de l'argent pour votre entreprise, l'acheteur insistera pour avoir une décote de liquidité c'est à dire qu'il voudra vous payer moins.

La décote de liquidité peut être de 25 à 30 % de la somme, donc pour une transaction à 10 millions de dollars, vous n'aurez que 7 millions sur votre compte en banque.

Cela fait partie des sujets abordés en négociation, alors entraînez-vous à faire comme si c'était normal.

➜ Un fondateur disait qu'il n'y avait pas de règles, dans la finance. Tout est possible. Les négociations peuvent être profondément irrationnelles et jouer sur les émotions, être truffées de coups de bluffs, de menaces, de mensonges et de fausses promesses. Ce peut être difficile pour les fondateurs qui ont l'habitude de côtoyer des ingénieurs et des informaticiens.

Obtenir les vrais chiffres

Vous constatez que je vous encourage à chercher les revenus et les valorisations des entreprises. Mais c'est une tâche difficile, voire impossible. Les entreprises ne communiquent leurs chiffres que si elles y sont obligées par le gouvernement et le marché boursier. Sinon, elles ne donnent pas leurs vrais chiffres.

Une entreprise peut dire qu'elle fait 100 millions de dollars de revenus, mais après avoir été achetée par une entreprise côté en bourse qui doit remplir des déclarations financières, sa feuille d'impôts montre qu'elle n'avait que 5 millions de dollars de revenus. Les revenus d'une entreprise privée sont des informations privées et elles n'ont aucune obligation de communication.

Cela signifie que les chiffres publiés par une entreprise privée font partie de son marketing. Elle gonflera ses chiffres. Oui, les entreprises mentent sur leurs chiffres.

Pour essayer de trouver les chiffres exacts, parlez avec des spécialistes en fusion-acquisition, des banquiers d'affaires et des investisseurs, il arrive qu'ils aient les vrais chiffres ou une estimation assez juste.

Vos chiffres

Alors comment parler de votre vente sur Facebook ? Faut-il dire à vos followers que vous avez vendu votre entreprise pour 20 millions de dollars ?

Si vous faites ça, toutes les personnes que vous connaissez vous demanderont de l'argent. Les escrocs et les arnaqueurs aussi.

➜ Il est préférable de ne pas communiquer sur la somme. Vous ne gagnerez rien à partager cette information. Vous pouvez vous en référez à l'accord de confidentialité et dire que vous ne pouvez pas en parler.

Ce que vous obtenez dans votre exit

Que pouvez-vous recevoir dans une exit ?

De l'argent : Vous recevez 10 millions de dollars qui vont sur votre compte en banque.

Des actions : On vous donne 10 millions d'actions de l'autre entreprise.

Un poste : Vous avez un emploi dans une grande entreprise, au risque de vous faire licencier plus tard, à moins que vous ne démissionniez avant.

Le top du top : Vous avez de l'argent, des actions et un emploi.

Le flop : La grande entreprise paie 10 millions de dollars, vos investisseurs récupèrent tout (parce qu'ils ont des actions de préférence) et vous, vous repartez avec le t-shirt de la boîte.

A mon grand regret, je me dois de vous dire que cette dernière solution est courante. Beaucoup d'entreprise font de très belles exits (elles gagnent de l'argent) mais les investisseurs prennent tout et les fondateurs se retrouvent avec plusieurs années de dur labeur pour rien et une haine profonde envers les VC. Un VC m'a dit que cela arrivait dans peut-être 30 % ou 40 % des introductions en bourse.

De l'argent, une clause d'earn-out, une participation au bénéfice, des actions ?

Mais avec quoi repartez-vous vraiment ? Comme vous pouvez vous en douter, c'est encore un sujet compliqué.

* De l'argent : Vous recevez un chèque, ou, si c'est le film de votre startup, 100 millions de dollars dans un sac.

* Des actions : Vous avez des actions.

* L'earn-out : Vous pouvez aussi avoir un contrat avec une clause d'earn-out. Cela veut dire que vous restez pendant un an (par exemple) et que si vous augmentez les ventes de X dollars à Y dollars, vous avez Z dollars. C'est tentant : vous bénéficiez du logo et de l'équipe commerciale de la grande entreprise pour faire plus de ventes.

La participation au bénéfice : Vous avez X % des futures ventes.

Les clauses d'earn-out et les participations au bénéfice ne sont pas de bonnes opérations pour vous. Lorsque la grande entreprise reprend votre affaire, leur équipe commerciale et marketing s'empare de votre produit. Les commerciaux ont passé des années à nouer des liens avec leurs meilleurs clients qui achètent des produits connus. Votre nouveau produit menace leurs produits déjà existants. Alors ils ne mettront pas le vôtre en avant. La direction de l'entreprise acheteuse se rend également compte qu'elle détient votre entreprise et qu'elle n'a aucune raison de vous donner plus d'argent. Votre produit ne sera une priorité pour personne.

Contentez-vous de prendre votre argent et partez. Vous pourrez décider plus tard de ce que vous voudrez faire.

C'est la raison pour laquelle il y a une décote de liquidité. L'acheteur sait que vous voulez de l'argent et que vous serez prêts à baisser vos exigences financières pour cela.

Faut-il viser l'introduction en bourse ?

Lorsque vous créez votre entreprise, elle est privée, puisque les actions vous appartiennent, à vous et à vos co-fondateurs.

Vous pouvez aussi proposez vos actions au public. Lorsque votre entreprise est cotée en bourse, n'importe qui peut aller chez un agent de change pour acheter ou vendre des actions de votre entreprise. L'introduction en bourse, ou IPO, Initial Public Offering, correspond à la première fois où vous vendez vos actions sur un marché boursier public, comme Wall Street.

De nombreux films, séries télé et livres glorifient les jeunes fondateurs de 21 ans qui introduisent leur société en bourse et gagnent 5 milliards de dollars en une journée.

Cela arrive... Mais la plupart du temps, la banque d'investissement qui gère l'IPO débourse de l'argent pour faire publier cette information dans les journaux, les magazines et à la télévision dans le but de créer une fièvre acheteuse dans le monde des investisseurs. Elle fixe le prix de l'action à 30 dollars, vend des blocs d'actions à 20 dollars aux amis de promo qui sont dans les grandes banques, et quand la société est enfin introduite en bourse et que tout le monde en parle, les petites gens se ruent pour acheter des actions dont le prix grimpe à 75 dollars, donc les grandes banques vendent leurs actions achetées à 20 dollars le même jour et font fortune. Quelques semaines plus tard, le prix de l'action baisse à 40 dollars. De gigantesques sommes d'argent sont passées des petits investisseurs aux grands investisseurs.

Mais il y a pire encore. La banque d'investissement, sachant que l'action passerait à 40 dollars, l'ont sous-évaluée à 30 dollars. Leurs amis, qui étaient au courant, ont gagné de l'argent mais votre entreprise se fait déplumer parce que vous auriez pu toucher 40 dollars par action mais que la plupart des actions ont été vendues à 20 dollars. Vous perdez des centaines de millions de dollars. C'est un jeu entre initiés.

En tant que CEO d'une entreprise cotée en bourse, vous devez toujours faire plaisir à la presse et aux actionnaires. Si les chiffres trimestriels baissent, des journalistes financiers qui ne connaissent rien à rien vous attaqueront et vos actions chuteront. Vous êtes donc sur un tapis roulant de chiffres qui ne s'arrête jamais.

C'est ce qui arrive, si vous avez encore la chance d'être CEO de votre startup. Quand des VC décident d'une IPO, ils font affaire avec d'autres professionnels de la finance et tous préfèrent travailler avec des CEO diplômés de MBA qui ont de l'expérience dans les fusac. En général, vous serez remplacés par un autre CEO. Il faut certaines compétences pour monter une nouvelle entreprise ; il en faut d'autres pour faire affaire avec les banques d'investissement et Wall Street qui font cela depuis des années.

Un mot sur les marchés boursiers publics. De la même façon qu'il y a des marchés boursiers publics tels que Wall Street pour vendre des actions d'entreprises faisant appel à de l'épargne publique (cotée en bourse), il existe des marchés privés tels que SharesPost et le NASDAQ où vous pouvez vendre des actions non publiques. Mais si les co-fondateurs commencent à vendre leurs actions pré-IPO, cela peut avoir un impact sur la valorisation. Parlez-en à vos conseillers financiers.

Quelle est la meilleure méthode ?

Vous réunissez une petite équipe. Vous embarquez avec vous quelques investisseurs qui comprennent ce que vous faites, qui vous soutiennent et qui sont d'accord avec votre plan d'ensemble, y compris avec votre stratégie d'exit. Vous travaillez dur pendant un an ou deux et vous vendez l'entreprise.

Lorsque vous lancerez votre deuxième startup, les principaux membres de votre équipe et vos principaux investisseurs vous suivront, ainsi que vos contacts business, vos vendeurs, vos fournisseurs, etc. Tout ira plus vite parce que vous éviterez les erreurs. Vous entretiendrez une belle relation avec vos clients et ils vous diront ce dont ils ont vraiment besoin.

Les startups des fondateurs

Voici quelques autres startups par leurs fondateurs :

• Kenneth Low, co-fondateur. Notre plate-forme Saas multi-vendeurs permet à n'importe qui de monter sa boutique en ligne en quelques minutes. Pas besoin de développeurs. Les fondateurs sont d'anciens directeurs exécutifs seniors de Paypal. Implantée à Singapour avec des bureaux à Sydney, Manille et San Francisco. A la recherche de financement et de clients. Consultez Arcadier.com.

- Mehdi Coly et Stéphane Pétrot, fondateurs. Nous avons créé le premier logiciel de référencement qui peut rapidement résoudre les problèmes de vos sites internets et faire gagner du temps à tous les web-marketers. Implantée à Lyon et bientôt à San Francisco et New York. Consultez Optimiz.me.

- Oscar Gómez, fondateur. JuanRegala est le e-commerce le plus important de Colombie dans le secteur des cadeaux. Livraisons de fleurs ou de chocolat le jour même, compositions florales comestibles et petits-déjeuners surprise. JuanRegala propose une solution efficace pour les jeunes professionnels qui manquent de temps et souhaitent rester en contact avec leurs proches. Consultez juanregala.com/bogota.

En résumé

Un VC meurt et arrive au ciel. Mais lorsqu'il arrive devant les portes du paradis, St Pierre lui dit que le quota de VC est atteint. Plus de place pour un autre VC.

Alors le VC réfléchit quelques instants et puis avance vers les portes et se met à crier : "L'enfer est sur le point d'entrer en bourse !"

Tout d'un coup, les portes du paradis s'ouvrent et des centaines de VC en sortent en courant.

St Pierre lui dit : "Eh bien, il me semble que nous avons de la place, vous pouvez entrer."

Et le VC lui répond : "Je crois que je vais suivre les copains, je ne veux pas louper ça."

10 : La vie après votre startup

Alors que faites-vous après en avoir fini avec votre startup ?

Si votre startup a marché, vous vous reposez. Faites des voyages. Intervenez dans les facs pour encourager d'autres personnes à monter leur startup. Écrivez des livres. Allez-vous asseoir sur une plage et méditez jusqu'à ce que vous atteigniez un état d'éveil spirituel suffisamment profond pour vous rendre compte que sur une plage, on s'ennuie.

Si votre startup a échoué, relevez-vous, brossez la poussière de vos vêtements et remontez à cheval.

Après avoir répété ce processus plusieurs fois, devenez conseiller et aidez d'autres entrepreneurs à lancer leurs startups. Je suis moi-même conseiller auprès de neuf startups.

Enseignez. C'est très amusant et vous en apprendrez plus que vos étudiants. J'interviens à la French business school de San Francisco.

Devenez un angel business investisseur. Après plusieurs startups, vous aurez un peu d'argent à investir dans des startups.

➔ Une fondatrice m'a dit qu'il était évident qu'elle lancerait une nouvelle startup, mais que pour l'instant, elle ne savait absolument pas dans quoi parce qu'elle était trop prise par sa startup actuelle.

➔ Un fondateur m'a dit que sa startup avait le potentiel pour atteindre le milliard de dollars, et qu'il pensait donc y rester pour les sept ou dix prochaines années.

➔ Plusieurs fondateurs m'ont dit que leur marché était durable et mondialisé, et estimaient donc que leur entreprise aurait une longue vie. Et quand elle serait bien implantée, ils en monteraient d'autres.

→ D'autres fondateurs m'ont dit qu'entre chaque startup, ils prenaient de longues vacances. Certains partent 6 mois faire le tour du monde.

→ Certains fondateurs m'ont dit que le but importait peu et qu'ils prenaient beaucoup de plaisir à vivre leur vie de startupeur.

→ De nombreux fondateurs prévoient de donner de l'argent à ceux qui en ont besoin. Les secteurs les plus populaires sont ceux de l'éducation et de la santé. Une personne m'a dit qu'il voulait vendre sa startup à 400 millions de dollars. "Pourquoi 400 millions ?" Il m'a répondu qu'il avait besoin de 10 à 20 millions pour que sa famille soit financièrement indépendante jusqu'à la fin de leurs jours. Le reste servirait à acheter une forêt de 160 km² au nord du Canada dans laquelle il créerait son propre parc national privé dans lequel les animaux pourraient vivre en liberté pour toujours.

Pourquoi l'échec est une bonne chose

N'importe où ailleurs dans le monde, l'échec est une mauvaise chose. Vous fermez votre entreprise et plus personne ne vous adresse la parole.Mais dans la Silicon Valley, l'échec n'est pas une mauvaise chose.

Pourquoi ? Parce que nous savons que 95 % des startups échouent. Nous avons tous travaillé dans des entreprises qui ont fait faillite. Peter Theil, qui a monté trois licornes, a aussi monté 200 startups qui ont échoué.

Si vous avez analysé votre échec et si vous en avez tiré de bonnes leçons, vous ferez mieux la prochaine fois. Comme vous aurez de l'expérience et du réseau, il vous sera plus facile de monter votre prochaine startup et de trouver vos co-fondateurs, vos conseillers et vos investisseurs.

En conclusion

Si vous envisagez de monter une startup, vous ne trouverez aucun chemin tout tracé, vous rencontrerez plein d'animaux féroces, vous manquerez de tomber de la falaise des centaines de fois et il fera toujours nuit. N'écoutez pas ce que les villageois racontent. Montez une équipe. Recrutez un ou deux bons sherpas. Frayez-vous un chemin. Il y a mille façons d'arriver au sommet.

Et si cela ne marche pas, prenez des vacances et recommencez.

Votre deuxième et votre troisième startup seront plus faciles. Vous aurez appris ce qui fonctionne et ce qui ne fonctionne pas. Vous aurez plein d'amis qui auront eux aussi monté leur startup et qui vous aideront. Les fondateurs s'entraident et partagent leur expérience.

Comme vous l'avez constaté, les fondateurs que j'ai interviewés ont été incroyablement ouverts et m'ont donné de précieux conseils. Quand vous montez une startup, échangez avec d'autres fondateurs. C'est une belle communauté.

J'ai écrit ce livre dans le but de partager avec vous des expériences et des informations afin que vous puissiez éviter quelques erreurs et vous permettre de mieux réussir. Dites-moi ce qui marche et ce qui ne marche pas.

Je travaille déjà sur mon prochain livre. Si vous en voulez un exemplaire gratuit lorsqu'il sortira, inscrivez-vous à ma newsletter sur http://eepurl.com/wC-C1 ou sur mon site.

Bonne chance !
Andreas
andreas.com

Pour approfondir

La page internet du livre

Vous retrouverez beaucoup d'informations sur la page internet de ce livre, andreas.com/startup/.

Votre business plan en une page

- **Un pitch deck en 10 pages** : Un exemple de Powerpoint pour votre pitch deck.

- **Les livres à lire** : Une liste de livres utiles recommandés par les fondateurs.

- **Les livres que j'ai écrits** : Des livres et des ebooks sur le référencement, Google Adwords, les KPI, l'ASO, Twitter, le marketing de contenu, et comment écrire un livre. Certains sont des ebooks gratuits, d'autres sont sur Amazon.

- **Sites web et blogs** : Un certain nombre de blogs et de sites que les fondateurs ont trouvé utiles. La liste avec les liens hypertextes se trouve sur la page internet de ce livre.

- **Articles de blogs intéressants que j'ai écrits** : Des détails sur les revenus de la publicité digitale, comment tester votre grandmother pitch, la viralité (ainsi que des articles de recherche), plus de 225 tactiques de growth hacking, et bien d'autres choses encore.

- **Associations** : La liste des groupes et des associations de la Silicon Valley.

Vous pouvez trouver des documents juridiques tels que des constitutions en société, des contrats, des accords de confidentialité, des répartitions d'actions et des tables de capitalisation gratuits sur LegalZoom, Nolo et Clerky.

Vous pouvez télécharger des business plans gratuits sur BPlan.com

5

500Startups · 55

A

accélérateurs · 53
acquisitions · 195
Adword · 73, 74, 77
Analytics · 69, 73
Anaximander Katzenjammer.
· 3
avocats · 117

B

banque · 183
Berkeley · 59
Blank · 103
bureau · 52, 69
business angels · 143
business models · 163
business plan · 93

C

co-fondateur · 35
comptabilité · 182
coréen · 4
co-working · 53

D

des jobs dans des startups ·
21
dilution du capital · 175
documentation de votre
startup · 69
due diligence · 161
dumb money · 168

E

EIN · 183
elevator pitch · 94
Employer Identification
Number · 183
employés · 184
Envoyez-moi un mail · 3
Eric Ries · 103
erreur · 2

F

Facebook · 95
financement · 178, 179
fondateurs · 185
Founders Space · 54
français · 4

G

Gala Gil Amat · 81
Ginger Namgostar · 3
Google · 65

H

hedge funds · 173

I

icebergs · 22
IgniteXL · 54
incubateur · 53
INSEEC SF · 72
interviewer vos clients · 83
investisseurs · 146, 153, 161, 170

K

keyword · 72
koala chez un barbier · 180
KPI (*Key Performance Indicator*) · 101

L

Le financement · 135
lean startups · 103
Les chaises et les bureaux · 68
Les questions à poser · 87
LinkedIn · 95

M

M&A pour merger and acquisition · 195
Microsoft · 68
Mountain View · 54

N

newsletter tous les mois · 45

O

options · 124

P

Palo Alto · 15, 22, 23
phase avancée · 13
phase d'amorçage · 12
phase de lancement · 12
pitch · 148
pitch de grand-mère · 94
pitch deck · 149
présence numérique · 64
private equity · 173
propriété intellectuelle · 133

R

Reid Hoffman · 24
rémunération · 184
restaurants · 22
Rob Fitzpatrick · 83
RocketSpace · 54

S

Search Console · 75
Silicon Valley · 14
Smart money · 168
Stanford University · 59
startup · 7, 12, 13, 16, 17, 18,

21, 187, 188, 198, 209, 212
Suite · 68

T

term sheet · 174
Trigger · 131

V

VC · 143, 145, 162, 164, 165, 167, 171, 173
VC firms · 145

Venture Capital · 145
venture capitalists · 143
Venture Capitalists · 135
vesting · 126
visa · 48

Y

Y-Combinator · 54

Z

Zhihong Gong · 5
zombie · 189